मेरे असहयोग के साथी

मेरे असहयोग के साथी

राहुल सांकृत्यायन

GYAN

Published by

Gyan Publishing House
5, Ansari Road
Daryaganj, New Delhi-110002
Phone: 011-47034999, 9811692060
E-mail: books@gyanbooks.com

Distribution Network
gyanbooks.com
India, USA, Canada, UK, Australia

ISBN: 978-93-6920-068-9 (HB)

First Published, 1957

2nd Impression 2025

Printed at: Gyan Press, Delhi.

मेरे असहयोग के साथी

Author: राहुल सांकृत्यायन

मेरे असहयोग के साथी

राहुल सांकृत्यायन

अनुक्रम

मथुरा बाबू

असहयोग आरम्भ होते समय मैं कुर्गके पहाड़ोंमें था। मन चंचल तो हो गया, पर अभी-अभी जिम्मेवारी वहाँ ली थी, इसलिये जून तक वहीं रहना पड़ा। चलते समय एक पत्र जिला कांग्रेस कमेटीके कार्यालयमें छपरा भेज दिया, और स्वयं जुलाईके आरम्भमें वहाँ पहुँच सका। मथुरा बाबू आफिसके इन्चार्ज थे। उनके हाथमें मेरा पोस्टकार्ड पड़ा। नाम और शायद चिट्ठी में लिखे शब्दोंसे उन्हें मालूम हो गया, कि चिट्ठी हमारे जिले के ही एक बैरागी साधुकी है, जो यहाँ राजनीतिमें कार्य करनेके लिये आ रहा है। सचमुच आनेकी सूचना बड़े आदमी दिया करते हैं, और एटिकेट के अनुसार मुझे यह धृष्टता नहीं करनी चाहिये थी। पर, मैंने सिर्फ सूचना भर दी थी, इसलिये इसमें दोष नहीं समझता था। मथुरा बाबूने अपने सहयोगी पं० गोरखनाथ त्रिवेदी को चिट्ठी दिखला कर कहा—"देखो तो, इस साधु का अहंकार। आनेकी सूचना दे रहा है।" उनके मनमें ख्याल था आनेकी सूचना स्वागत या कमसे कम स्टेशन पर आके मिलनेके लिये दी जाती है। मैंने न आने की तारीख लिखी थी, न ट्रेनके बारेमें ही, इसलिये यह आशंका निर्मूल थी।

इन भावोंके साथ मथुरा बाबू और मेरा पहले-पहल अदृष्ट परिचय हुआ। आखिर एक दिन मैं घूमते-घामते टेढ़े-मेढ़े रास्तोंसे छपरा कांग्रेस-आफिसमें पहुँच गया। दक्षिणमें स्वदेशी वस्त्र ही तक मैंने रक्खा था, पर छपरा पहुँचनेसे पहले मैं कौंच गया, जहाँ शुद्ध खादी मिल गई, और उसका अँचला—साधुओं की धोती—मेरे बदन पर था। पहलेही निश्चय कर लिया था, कि मुझे जिलेसे नहीं गाँवसे काम शुरू करना है। मथुरा बाबूको शायद यह देखकर कुछ विचारोंमें परिवर्तन करना पड़ा था। चिट्ठीसे उनको वैसे विचार क्यों पैदा हुये? बैरागी साधुओंसे उनका घनिष्ठ

सम्बन्ध था, और वह उनसे दीक्षित भी थे, इसलिये साधुओंके प्रति उनके हृदयमें सम्मान नहीं था, यह बात नहीं थी। पर, वह देख चुके थे, कि बैरागी साधुओंमें भाव-भक्ति भले ही भरपूर हो, किन्तु विद्यासे उनका छत्तीसका सम्बन्ध होता है। उन्होंने बैरागियोंके सखी-सम्प्रदायमें मन्त्र दीक्षा ली थी। साधुओंको गृहस्थ नाम बदलनेकी आवश्यकता होती है, उसी समय बैरागी सखी-गुरु अपने चेलोंके नामके साथ शरण लगा देते हैं—वैदेही-शरण, रघुवंशशरण आदि। गृहस्थोंके लिये यह नियम नहीं है, पर सखी-सम्प्रदायमें दीक्षित माता-पिता अपने गुरुओंका अनुसरण करना आवश्यक समझते हैं। इसीलिये मैथिलीशरण, सियारामशरण, जानकीशरण, सीता-शरण आदि नाम गृहस्थोंमें भी देखे जाते हैं, शरण गोया सखी-सम्प्रदाय वालोंका ठप्पा है। इसके अपवाद रामशरण जैसे कुछ पुराने नाम हैं। सखी-सम्प्रदायमें सखी-रूपसे भगवान्‌की भक्ति करना धर्म समझा जाता है। उनके विचारोंके अनुसार पुरुष एक ही परमात्मा है, दूसरे यदि पुरुष होने का अहंकार करें, तो यह निरी अहंमन्यता और पथभ्रष्ट होना है। नैष्ठिक सखी साधु जहाँ तक होता है, स्त्री रूपमें रहना चाहते हैं। मनोवैज्ञानिक असर और कुछ प्रयत्न भी सहायक होता है, और धीरे-धीरे उनकी चाल-ढाल स्त्रियों जैसी हो जाती है। कुछ-कुछकी तो बातोंमें भी वही कोमलता और वही लिंग-परिवर्तन देखनेमें आता है। यहाँ तक कि कितनेही अनन्य भक्त मासिक-धर्मका भी अभिनय करते हैं। बिहारके कुछ जिलोंके शिक्षितोंमें इस सम्प्रदायका प्रचार अधिक बढ़ा था, क्योंकि बिहारके एक भूतपूर्व शिक्षा-निरीक्षक बाबू भगवानप्रसाद इस सम्प्रदायमें दीक्षित हो रूपकलाके नामसे रामकी रमणीके रूपमें परिणत हो गये थे। उनकी तपस्या, निष्ठा और त्यागका प्रभाव दूसरोंके ऊपर भी पड़ा था। उनमेंसे ही बाबू मथुराप्रसाद भी थे, जो भी कुछ समय तक स्कूलोंके सब-डिप्टीइन्सपेक्टर रह चुके थे। वह सखी-सम्प्रदाय वालोंके अयोध्याके एक गढ़ हनुमत-निवासके सत्संगोंमें अनेक बार शामिल हुये थे।

एकमा थानाके परसा गाँवसे मेरा घनिष्ट सम्बन्ध था। मैं वहींके

बैरागी मठमें चेला हुआ था। इसीलिये मैंने निश्चय किया था, कि वहीं कार्य करूँगा। नेता बननेकी मेरी बिल्कुल इच्छा नहीं थी; हाँ, कार्य कुछ अधिक स्थिरताके साथ करना चाहता था। आफिसमें त्रिवेदीजी, मथुरा बाबू और कुछ दूसरे कार्यकर्ताओंसे परिचय हुआ। मथुरा बाबू वकालतसे असहयोग करके देशके काममें लगे थे, और त्रिवेदीजी वकालत पढ़ना छोड़ कर। मैंने वहाँ जिलेका नकशा देखा। जिस एकमा थानेमें मुझे काम करना था, उसके गाँवों और उनकी स्थितिके बारेमें जानकारी प्राप्त करना आवश्यक था। इसलिये आनेके जरा ही देर बाद मैंने नक्शेको उठा कर उसमेंसे एकमा थानेको ट्रेस करना शुरू कर दिया। त्रिवेदीजी को यह बात कुछ आश्चर्यकर मालूम हुई, क्योंकि वह अच्छे शिक्षित कार्य-कर्ताओंमें भी इस दृष्टि को नहीं देखते थे। उन्होंने अपने साथीसे कहा भी—"मथुरा बाबू, उस दिन इस साधुके बारेमें आप वैसा कह रहे थे, वह तो कुछ दूसरे ही तरह का आदमी मालूम होता है। कितना मैथोडिकल है!" वस्तुतः मैथोडिकल के होने का सवाल नहीं था। मैं घुमक्कड़ था। दूसरी बार सारे भारतकी यात्रा करके लौटा था। घुमक्कड़को भूगोल और नक्शेका महत्त्व अच्छी तरह मालूम होता है, इसीलिये जिस तरह यात्राके लिये मैं उन्हें बहुत सहायक मानता था, वैसे ही अब गाँवोंमें काम करनेके लिये भी नक्शेके महत्त्वको समझता था। इसीलिये मैंने उस दिन नक्शा ट्रेस किया। मथुरा बाबूपर भी कुछ प्रभाव पड़ा। शायद जिला कार्यालयको ही केन्द्र बनाकर काम करनेके लिये किसीने आग्रह भी किया, पर मैं तो गाँवमें जानेके लिये दृढ़ था। मथुरा बाबूने आग्रहपूर्वक मेरे लिये एक परिचय-पत्र एकमा थाना कांग्रेस कमेटी के मन्त्रीके नाम लिख दिया। शिष्टाचारके ख्यालसे ही मैंने उसे लेना स्वीकार किया, और उसका उपयोग इतना ही किया, कि एकमा स्टेशनमें उतरने पर किसी आदमीके हाथ उस पत्रको स्वराज्य आश्रममें भेजवा दिया और स्वयं सीधा परसा मठ चला गया।

उसके बाद तो मथुरा बाबूका सम्बन्ध बहुत घनिष्ट हो गया। वह सर्व-मित्र थे। किसीसे बिगाड़ करना उनके स्वभावमें नहीं था, और न किसीको

चुगली करते ही मैंने कभी देखा। बोली बड़ी मीठी थी, नम्रता तो उनमें कूट-कूट कर भरी थी। उनका यह स्वभाव किसी-किसीको पसन्द भी नहीं था, सर्वमित्र होनेका यह फल अक्सर देखा जाता है। दो प्रतिद्वन्द्वियोंमें जो एक समान मित्र भाव रखना चाहता है, उसकी स्थिति ऐसी ही होती है। कोई अगर उनसे बिगड़ता, तो अनुनय-विनय, क्षमा-प्रार्थना सब करनेके लिये तैयार रहते। कितने ही उनके इस स्वभावमें हलकापन देखते थे। पर, मैं उनके गुणोंको अच्छी तरह नजदीकसे रह कर जानता था और उसकी कदर करता था। कभी मजाककी मुझे भी सूझ जाती थी। राजेन्द्र बाबूकी बड़ी बहिन अत्यन्त सीधी-सादी महिला हैं। अपने भाईको तो वह अब भी बच्चा समझ कर अपने पुराने वात्सल्य भावको ही प्रदर्शन करती हैं। जब बाबू अनेक बार जेल जा रहा हो, तो बहिन को जेलसे क्या झिझक हो सकती थी! एक बार कांग्रेसकी ओरसे कौंसिलमें कुछ महिलायें भी भेजी गईं। बहिनने भी आग्रह किया, कि मुझे भी भेज दो। लेकिन, बेचारी नहीं भेजी गईं। एक दिन बैठे-बैठे मैंने छेड़ दिया—"आपको कौंसिल में न जाने देनेके कारण मथुरा बाबू हैं। इन्होंने ही भाँजी मार दी: 'ई जायके का करी।'" फिर क्या था, उबल पड़ीं—"ई मथुरवा हमार सत्रुरू बा।" मैंने कहा—"और मुँह पर कितनी मीठी-मीठी बात बोलते हैं।" मथुरा बाबू बड़ी चिरौरी-मिन्ती करने लगे—"बाबा, ऐसा मत कहें, नहीं तो मेरी बड़ी मुश्किल हो जायगी।"

मथुरा बाबू कई सालों तक जिलेमें ही कांग्रेसका काम करते रहे। पीछे राजेन्द्र बाबूके साथ रहे, और छायाकी तरह। वकालतसे असहयोग करके आनेके बाद वह फिर उसमें नहीं लौटे। इसी तरह अपना सारा जीवन बिता दिया।

१९२१ ई० के अन्तमें सविनय अवज्ञाकी बड़े जोर-शोरसे तैयारी हो रही थी। मैंने धीरे-धीरे एकमा थानेको लेते सिसवन और रघुनाथपुर थानेमें भी कांग्रेसके कामको संगठित किया। जब तक चार सौ-पाँच-सौ वर्दीधारी स्वयं-सेवक तैयार न हों, तब तक मैं उसे अपूर्ण समझता था।

सिसवनमें तरुण गिरीश तिवारीने स्वयं-सेवक संगठित किये, रघुनाथपुर में वासुदेवसिंहने। रघुनाथपुरके मुरारपट्टीमें रामरजमें रँगे खद्दर का कुर्ता, जाँघिया, झोले, टोपीवाले लाठी लिये चार सौ स्वयं-सेवक एकत्रित हुये। जनता तो हजारों थी। दर्शकके ऊपर उसका प्रभाव तो पड़ना ही था। मैं छपरा जिलेमें हमेशा वहाँकी बोली—भोजपुरी—में ही भाषण देता था। सोचता था, हिन्दीमें बोलनेमें आधा-तिहाई ही लोगोंके पल्ले पड़ता है, फिर क्यों न उस भाषाका सहारा लिया जाये, जिसमें सोलहों आना उनके पल्ले पड़े। मथुरा बाबूने उसके प्रभावको देखा, तो वह भी भोजपुरीमें बोलने लगे। पर, वकील थे, वकीलोंकी भाषाका प्रभाव हुये बिना नहीं रह सकता था, और वह भोजपुरीमें उर्दूके शब्द भी डालते जा रहे थे। इससे यह तो मालूम ही होगा, कि वह जनता के समीप रहनेवाले आदमी थे।

१९२७-२८ ई० में मैं लंकामें था। मद्रास-कांग्रेसके बाद राजेन्द्र बाबू और बिहारके दूसरे कितने ही कांग्रेसी मित्र इतना पास आकर लंका देख लेना चाहते थे। उनके साथ मथुरा-बाबू भी लंका पहुँचे, और मुख्य-मुख्य स्थानों के दिखलाने का काम मुझे करना पड़ा। मैं अब राजनीतिमें क्रियात्मक भाग लेना छोड़ कर शास्त्रोंके अध्ययन-अध्यापन और घुमक्कड़ीमें लगा था। इसके बाद फिर साथ रहने का उतना अवसर नहीं रहा। पर, जब-जब मिलता वह उसी स्नेहसे मिलते। मिलना भी कभी-कभी वर्षों बाद होता। इसी बीच एक समय मालूम हुआ, कि मथुरा बाबू अब हमारे बीच नहीं रहे। स्वतन्त्रताके यज्ञमें उन्होंने अपने बहुमूल्य जीवनकी आहुति दी थी, पर देशको स्वतन्त्र देखे बिना वह चले गये। आज यदि वह जीवित होते, तो देशको ही आजाद न देखते, बल्कि राष्ट्रपति-भवन में वह राजेन्द्र बाबूके साथ रहते सारे देशको देखते।

मथुरा बाबूका जन्म संवत् १९३७ (सन् १८८० ई०) २२ श्रावणको तेलछा गाँवमें हुआ था। उनके पिताका नाम बाबू वेणीप्रसाद था।

पंडित नगनारायण तिवारी

एकमा में कांग्रेसका काम करनेके लिये १६२२ ई० में पहुँचतेही थानेके जिन कांग्रेस कर्मियोंसे परसामें परिचय हुआ, उनमें पं० नग-नारायण तिवारी भी थे। देखनेमें उनकी आँखें अच्छी मालूम होती थीं, पर कितने ही वर्षोंसे वह अन्धे हो गये थे। बोलने-चालनेमें बहुत शिक्षित और संस्कृत मालूम होते थे। आजसे तीन ही चार वर्ष पहले मैंने अंग्रेजी की एक कीमती किताब पढ़ते समय देखा, कि इस शताब्दीके आरम्भमें पं० नगनारायण तिवारी दार्जिलिंगके एक बड़ी मारवाड़ी फर्म (जेठमल भोजराज) के योग्य मैनेजर थे। उनसे बातें होती थीं और दार्जिलिंग या सिक्किममें अपने कामकी कुछ बातें भी बतलाते थे, लेकिन आत्म-विज्ञा-पनकी प्रवृत्ति न होनेके कारण विवरणके साथ वह उन्हें नहीं कह सके थे। इसीलिये तिवारीजीकी पूरी योग्यताका मुझे पता उनके जीवन में नहीं हुआ। यह जरूर जानता था, कि वह अंग्रेजी जानते हैं। बड़े अच्छे वक्ता हैं। मेरी तरह वह भी छपरा में अपना भाषण सदा भोजपुरीमें देते थे। भोजपुरी राष्ट्रीय गीतोंको वह बड़े अच्छे लयसे गाते थे, जिनमेंसे कुछकी रचना उन्होंने स्वयंकी थी। स्त्रियामें राष्ट्रीय भावना और खद्दर के साथ प्रेम पैदा करनेके लिये उनके भाषण बड़े प्रभावशाली होते। धुनके इतने पक्के, कि न रातको रात गिनते, न दिनको दिन। आँखोंसे मजबूर थे, इसलिये कोई हाथ पकड़के ले चलने वाला चाहिये था। उनका लड़का या भतीजा कोई न कोई उनके साथ रहता। हिन्दीके श्रेष्ठ उपन्यासोंमें एक "मैला आँचल"—जो अभी दो ही तीन वर्ष पहले प्रकाशित हुआ है—में तिवारी जी का उल्लेख गीतकी उन्हीं पंक्तियोंके साथ देखकर मुझे ख्याल आया, शायद पं० नगनारायण तिवारी पूर्णिया जिलेमें भी कभी प्रचार करने गये थे।

घरकी आर्थिक स्थिति अच्छी नहीं थी। छोटा भाई घर की खेती सँभालनेके लिये पर्याप्त था। वह कोई उतनी ज्यादा थी भी नहीं। तिवारी जी को जो नौकरी मिली थी, उसके फलस्वरूप अपने नये मकानको भी पूरा नहीं बना सके थे, कि आँखोंने जवाब दे दिया, जिसके साथ काम से भी जवाब मिल गया। जब घरकी हालत बहुत दयनीय देखते, तो तिवारीजी दस-पाँच दिनके लिये दार्जिलिंग चले जाते, और वहाँसे सौ-पचास रुपयेकी सहायता मिल जाती। शायद ऐसीही किसी यात्रामें वह पूर्णियामें उतरे हों, और "रेणु" ने उनके मुँहसे भोजपुरी गीतकी उस पाँतीको सुना हो।

मेरे लियेतो तिवारी जी बहुतही प्रिय थे। उनके घर पर पहुँच जाने से उनको बहुत प्रसन्नता होती। इसलिये रसूलपुरके रास्ते कहीं जाते समय मैं उनके यहाँ जरूर जाता। एकमाही की कांग्रेसी सभाओंमें नहीं, बल्कि सिसवन और रघुनाथपुरके थानोंमें भी कितनीही बार वह मेरे साथ रहते थे। एक बार १६२१ ई० की कार्तिक सुदी छठके पर्व पर रघुनाथपुर थानेके किसी गाँवमें हम लोग रातको ठहरे थे। पूर्वी भोजपुरी, मगही और मैथिली क्षेत्र में स्त्रियाँ छठकी पूजा यहाँ बड़े धूमधामसे मनाती हैं। रात भर नदी या किसी तालाबके किनारे गीली मिट्टीके स्तूपमें चारों ओर दिये बालकर बैठी सूर्य भगवान् और षष्ठी देवीके गीत गाते जागती रहती हैं। सबेरे सूर्योदयके समय अर्घ देकर घर लौटती हैं। गाँवकी सारी स्त्रियाँ उस दिन एक पोखरे पर जमा हुई थीं। तिवारीजी भला ऐसे अवसरसे कैसे चूकते? वह वहाँ पहुँचे, और उन्होंने भोजपुरीमें स्वराज्य और खद्दर पर गीत गाये, बीच-बीचमें भाषणभी दिये।

पहले झोंकमें उन्हें जेल जानेका मौका नहीं मिला था। पर, उसके बाद जब-जबभी कांग्रेसियोंकी गिरफ्तारी होती, तिवारी जीका नम्बर सबसे पहला रहता। उनके व्याख्यानोंका सचमुच ही इतना प्रभाव होता, कि पुलिसको सबसे पहले उनको बड़े घरमें ले जाना पड़ता। आये-गये अफसर को उनके घर को दिखला कर बतलाया जाता, यह कांग्रेस के कलक्टर

का घर है। तिवारीजी अपनी आन पर सदा डटे रहे, और देशके लिये सब तरहकी साँसत सहनेके लिये हँसीखुशीसे तैयार रहते थे। अफसोस है, देशके स्वतन्त्र होनेसे दो वर्ष पहले (१९४५ ई० की सावन बदी १२ को) उनका देहान्त हो गया।

उनका जन्म १८७४ ई० में रसूलपुरमें हुआ था। पिताका नाम रामदेनी तिवारी और माताका नाम सीतलवासी देवी था। उनकी पत्नी फूलवंसी देवी पतिकी मृत्युके डेढ़ साल बाद मरीं। उनके दो पुत्र नृपेन्द्र नारायण और बलदेव प्रसाद, तथा कन्या तारादेवी अब भी मौजूद हैं।

बाबू मधुसूदन सिंह

बाबू मधुसूदन सिंहको मित्रमण्डलीमें मधू बाबू कहा जाता था। १६२० ई० में वह मैट्रिकके लिये सेन्ट-अप—प्रेषित—हो चुके थे। घरवाले आशा रखते थे, लड़का मैट्रिक पासकर कालेज में जायगा, और फिर वकील या सरकारी अफसर बनकर परिवारको सुर्खरू और आर्थिक तौरसे समुन्नत करनेमें सहायक होगा। पर, इसी बीच गाँधीकी आँधी आई, असहयोगका बिगुल बजा—"सरकारी नौकरियाँ छोड़कर देशकी स्वतन्त्रताके लिये काम करो। वकील-मुख्तार वकालतें छोड़ें। लड़के स्कूलों और कालेजोंसे बाहर निकल आयें।" सबसे ज्यादा असहयोग करनेवाले विद्यार्थी ही निकले। उनमें अधिक उत्साह था, त्यागकी भावना ज्यादा थी। वह अधिक स्वार्थके बन्धनोंसे बँधे नहीं थे। मधू बाबू इसी तरह असहयोग करके आ गये। और कांग्रेसका काम, स्वतन्त्रताके सन्देशका प्रचार बड़े भावसे करते रहे। कितनीही बार जेलमें गये, परिवारकी आर्थिक चिन्ताको देखते हुये भी अनदेखी कर दी। इन पंक्तियोंके लिखनेके समय (१६५६) अब भी वह एकमा थाना काँग्रेसके सभापति हैं, उसी लगन से काम कर रहे हैं।

मधु बाबूका जन्म फागुन सुदी १ सोमवार संवत् १६५४ (सन् १८६७ ई०) में बंसीछपरामें हुआ था। जिलेका हेडक्वार्टर छपरा है, उसमें छपरा नामवाले गाँवोंकी कमी नहीं है। वस्तुतः आजसे सौ वर्ष पहले यदि इस जिलेमें घूमा जाता, तो कुछ बड़े-बड़े जमींदारोंके ही घर पक्के या खपड़ैलके मिलते। बाकी सब लोग फूसके छप्परोंमें रहा करते थे। इसी कारण गाँवका नाम छपरा पड़ा। छपरा-छपरामें फर्क करनेके लिये उनके नामके आगे बंसी, लाकट आदि शब्द लगा दिये जाते हैं। मधू बाबूकी माता राजपतिदेवी और पिता बाबू बिद्याधर सिंह थे। बाबू बिद्याधर सिंह

को पहले लड़केका ढंग अच्छा नहीं लगा, पर असहयोगके जमानेमें वह भी भरसक हमारे काममें सहायता देते थे। सीधे-सादे किसान थे। उनके तीन पुत्र और थे, जो घरका काम सँभालते थे। मधू बाबूने १६२२ ई० में राष्ट्रीय संस्था बिहार विद्यापीठसे मैट्रिक परीक्षा पास की, पर आगे पढ़ने का ख्याल नहीं किया। काँग्रेसका आन्दोलन एक समान नहीं चलता था। जब किसी मोर्चेकी तैयारी होती, तो लोगोंमें जोश आता, और काँग्रेस-संगठनभी सजीव हो जाता, नहीं तो वह शिथिल पड़ जाता था। असहयोग के आरम्भमें स्वराज्यका आन्दोलन बनकी आगकी तरह चारों तरफ फैला। तिलक स्वराज्य फण्डमें लोगोंने खूब दिल खोल कर चन्दा दिये, लेकिन छै महीने बाद अब उनमें वह जोश नहीं रह गया था, जब कि मैं जुलाई १६२१ में एकमा थानेमें काम करनेके लिये पहुँचा। काम करनेवाले थे, पर काम लेनेवाला नहीं था। जो काम बतलाये जाते थे, उनमें आकर्षण नहीं था। पर, मधू बाबू हर समय काममें लगे रहते थे। एकमामें गाँधी विद्यालय और स्वराज्य आश्रम कायम किया गया। शिथिलताके दिनोंमें मधू बाबू लड़कोंको पढ़ाते और बीच-बीचमें थाना कांग्रेसका मन्त्री रह कर काम करते।

यह बतला चुका हूँ, कि मधू बाबूके पिता अपने गाँवके एक साधारण किसान थे। छपरा जिला भारतके बहुत घने बसे हुये जिलोंमें है। वहाँ की एक-एक अंगुल जमीन जुत चुकी है, इसलिये जितने भी नये मुँह आयें, उनके लिये नये खेतके मिलनेकी सम्भावना नहीं। इसीलिये वहाँके लाखों आदमी कलकत्ता, बम्बई और दूसरी जगह नौकरीके लिये चले जाते हैं। कितने तो बर्मा, सिंगापुरही नहीं फीजी आदि टापुओंमें भी जाकर हमेशाके लिये बस गये हैं। इससे मालूम होगा, कि वहाँका अर्थ-संकट कितना कठिन है, और साधारण किसानका आर्थिक जीवनतो और भी ज्यादा अनिश्चित होता है। इसी साल (१६५६) उत्तरप्रदेशके पश्चिमी जिलोंमें अतिवृष्टिके कारण गाँवके गाँव तबाह हो रहे हैं, और पूर्वी जिलोंमें सूखा पड़नेकी आशंकासे लोगोंकी नींद हराम हो गई है।

अपने २२ अगस्तके पत्रमें मधू बाबू लिखते हैं—"सारन जिलेमें—एकमा थानामें—वर्षाके अभावके कारण प्रायः सभी फसलें बरबाद हो रही हैं, मर रही हैं, लोग बहुत चिन्तित हैं। प्रायः सभी खाद्य-पदार्थ काफी महँगे हैं।" किसानके पास सुवृष्टि के समय भी उतना अनाज नहीं पैदा होता, कि वह बचाकर अगले सालके लिये रख सके। फिर अवृष्टिके कारण यदि फसल बरबाद हो गई, तो उसे कहीं शरण नहीं मिल सकती। मधू बाबूका परिवार भी इन स्थितियोंसे समय-समय पर गुजरता रहा, पर वह बराबर अपनी धुनमें लगे रहे।

जनवरी (१९५९) में कई वर्षों बाद मधू बाबूको देखा। वह नौ-जवान चेहरा—जिसे असहयोगके जमानेमें बीस-बाईस वर्षको देखा था—अब बूढ़ा हो गया है। सारे बाल सफेद, मुँह पर झुर्रियाँ पड़ी हुई हैं। पर, उनके मुँह परकी हलकी हँसी अबभी वैसी ही है। जिस स्वप्नको उन्होंने देखा था, और जिस स्वतन्त्र भारतके लिये उन्होंने अपनी जवानी की सारी उमंगें कुर्बानकी थी, वह आज साकार है। आज अंग्रेज नहीं हैं, और अंग्रेजोंके खुशामदी बाबू-राजा तथा उनकी शह पर लोगोंका सिर फोड़ने वाले काले साहबभी अब उस रूपमें कहीं नहीं दिखाई देते। पर, आर्थिक चिन्तायें पहलेसे बढ़ीं हैं। गरीबीका पहले ही जैसा अखण्ड राज्य आजभी देशमें सर्वत्र छाया हुआ है। इस प्रकार मधू बाबू जैसा देश के लिये त्याग करने वाले कल के तरुण और आजके वृद्ध कैसे सन्तोषकी साँस ले सकते हैं!

बाबू रामनरेश सिंह

असहयोग-आन्दोलनमें भाग लेनेके लिये १६२१ के जुलाईके महीने में मैं परसा (एकमा) पहुँचा था। शायद एक हफ्तेसे अधिक नहीं बीता था, कि साथियोंने अतरसनमें सभा रक्खी। वर्षाका दिन था, खुलेमें सभा होनी मुश्किल थी। अतरसनके शिवालयके हातेमें सभा रक्खी गई थी। बीचमें वर्षा आई, तो लोग घरमें चले गये। इसी घरमें उस समय शायद प्राइमरी स्कूल था। छपरा और एकमा थाने से मेरा सम्बन्ध १६१३ से था। लेकिन, मैं थानेके तीन-चार गाँवोंसे अधिक परिचित नहीं था। अतरसन भी अपरिचित ही था। लेकिन, परसामठ प्रसिद्ध था, इसलिये मैं बिल्कुल अपरिचित नहीं था। सभा हुई। मैंने व्याख्यान दिया और तरुण साथी भी कुछ बोले। सभी स्कूलसे असहयोग करके आये थे। व्याख्यानकी कला उन्होंने मैदानमें ही आकर सीखी थी। मैं उनसे अधिक सौभाग्यशाली था, क्योंकि डेढ़ सालके मुसाफिर विद्यालय (आगरा) के जीवनमें मैंने इसे बाकायदा सीखा था।

अतरसन कुछ विचित्र-सा नाम है। मुस्लिम कालका तो हो ही नहीं सकता। पुराना गाँव है, इसका पता वहाँ मिली दसवीं-ग्यारहवीं शताब्दी की मूर्तियाँभी बतलाती थीं। गाँवमें राजपूतोंकी प्रधानता है, और राजपूत बैस हैं, जो एकमा, सोनपुर जैसे दो-चारही गाँवोंमें मिलते हैं। वह कहाँ से वहाँ पहुँचे, यह इतिहासके अन्धकारमें लुप्त हो चुका है। बाबू देव-नारायण सिंहने इतना ही सुन रक्खा था, कि शालिवाहन उन्हींके कुलमें हुये थे, और वह दक्षिण देश नर्मदाके तीर पैठनके रहने वाले थे। प्रतिष्ठानपुर—आधुनिक पैठन, जिला औरंगाबाद—आजभी नर्मदा के किनारे मौजूद है, और शातवाहनोंकी वह कभी राजधानी रहा। हर्षवर्धनको भी बैस राजपूत कहा जाता है। उन्नाव जिलेमें तो बैसवाड़ेका एक बहुत बड़ा

इलाका ही है, जहाँ बैस लोगही बसते हैं। अस्तु, अतरसनमें भी बैसों की बस्ती है।

हमारा सम्बन्ध राष्ट्रीय आन्दोलनसे था। बाबू रामनरेश सिंह आरम्भ से ही उसमें शामिल थे। जब जेल जानेका समय आता, तो जेलभी जाते। असहयोगके समय उसकी जरूरत नहीं पड़ी। वह चुपचाप काम करने वाले थे। उनके बड़े भाई बाबू देवनारायण सिंह, बड़े भतीजे, चचेरे दो भाई भी बनैली राजमें तहसीलदारी करते थे। छपरा बहुत घना बसा हुआ जिला है। वहाँ बहुत कमही ऐसे परिवार हैं, जो केवल खेती पर अच्छी तरह गुजारा कर सकते हैं। डंकिनी बन्दोबस्तके कारण यहाँ छोटे-छोटे जमींदार बहुतही कम देखनेमें आते हैं। किसानी करनेवाले जमींदार तो मुश्किलसे मिलते हैं। इसलिये गाँवोंमें दस-बीस हजारकी हैसियत रखनेवाले जिनके पक्के घर हैं, वहभी किसी बड़े जमींदारके रियाया थे। अतरसनमें चैनपुरके बाबुओंकी जमींदारी थी। रामनरेश बाबूके घरमें काश्तकारीही नहीं, किन्तु काफी जमीन थी। पर, घरकी खुशहाली नौकरीपर निर्भर थी। खानेके लिये चावल भी भागलपुरसे आता था। रामनरेश बाबूको घरका काम भी देखना था, क्योंकि प्रायः सारा बालिग परिवार बाहर नौकरीमें रहता था।

अभी वह डाक्टर बाबू नहीं हुये थे। बड़े परिवारमें कोईन कोई बीमार होताही रहता। कलकत्ताके एक मशहूर होमियोपैथ बंगाली डाक्टर से इनके परिवारकी बहुत घनिष्टता थी। वह कभी-कभी अतरसनभी आते थे। उन्हींकी देखा-देखी इन्होंने भी होमियोपैथीकी दवाइयाँ पास रखीं, और हिन्दीमें मिलती कुछ किताबेंभी देख लीं। आसपास कोईन डाक्टर था, न डिस्पेन्सरी। इनके पास भी लोग पहुँचने लगे, और धीरे-धीरे रामनरेश बाबू डाक्टर बाबू बन गये। बुद्धि अच्छी थी, रोगोंकी परख भी मालूम होने लगी। अब तो डाक्टर बाबूकी आसपासमें बराबर माँग रहती है।

कांग्रेसके काममें रामनरेश बाबू बहुत दत्तचित्त रहते थे। उसी तरह

दूसरे लोकहितके कामोंमें भी वह शामिल होते थे। गाँवका प्राइमरी स्कूल गाँवसे बाहर बगीचेके कोनेमें नये मकानमें जाकर मिडिल स्कूल होगया। लोगोंमें ज्ञानकी बहुत पिपासा थी, विद्यार्थियोंकी क्या कमी हो सकती थी। मिडिल स्कूल कुछ सालों बाद हाईस्कूल बन गया, और आज वह आसपासके कितनेही गाँवोंकी सेवा कर रहा है। इस स्कूलको स्थापित करने और बढ़ानेमें रामनरेश बाबूका बड़ा हाथ रहा।

अतरसन वैसे तो गाँव काफी बड़ा था, पर किसी बड़े जमींदार का दरबार यहाँ नहीं था। फिर भी शिक्षाका प्रसार बढ़ा। वहाँके महन्त जी इसराजके सुन्दर वादक थे। वह गाँवसे कहीं बाहर शिक्षा लेने नहीं गये। लेकिन, जान पड़ता है, संगीतकी कला उन्हें जन्मसे मिली थी। गा नहीं सकते थे, लेकिन बजाते बहुत सुन्दर थे। रामनरेश बाबूभी उनका तबलेमें साथ देते थे। इससे मालूम होगा, कि अतरसन बिल्कुल संस्कृति-हीन गाँव नहीं था। गाँवमें पक्का कोठा खड़ा करना बेकार है, यद्यपि इसका अर्थ यह नहीं, कि पुराने जमींदार अपना कोठा खड़ा करनेसे कभी बाज आये। शहरमें बने पक्के मकानका दुख-सुखमें पैसा लौट सकता है। पर गाँवके पक्के मकानका उसमें रहनेके सिवा और कोई मोल नहीं। पर, बाबू देवनारायणको शौक था। उस समय साधनभी थे, इस-लिये उन्होंने बाप-दादोंकी पुरानी हवेलीकी जगह पर ईंट चूनेका दुमंजिला मकान बनवा दिया। वह संयुक्त परिवारके आदर्शकर्त्ता थे। अपने चचेरे भाइयों, बेटों और भतीजोंमें कोई अन्तर नहीं रखते थे। सबको इकट्ठा देखकर उन्हें बड़ी खुशी होती थी। घर पर कभी वर्ष, दो वर्षमें कुछ समयके लिये आते, नहीं तो बराबर भागलपुरमें राजकी नौकरीमें रहते। पक्के मकानोंकी आयु सौसाल बतलाई जाती थी, अर्थात् जितनेमें पाँच पीढ़ियाँ आ जायँ। कितनीही साखर्चीं और दूरदर्शितासे बनवाये मकान दो पीढ़ीसे अधिक पर्याप्त नहीं हो सकते। फिर वह अपनी आधी आयुमें जाते-जाते बेकार हो जायँगे, इसमें सन्देह नहीं। बाबू देवनारायणने जो मकान बनवाया, आज एक पीढ़ीही में वह अपर्याप्त हो गया।

बाबू रामनरेश सिंहके परिवारसे मेरा सम्बन्ध असहयोगके समयसे ही रहा। उसके बाद जब मैं बाहर ज्यादा रहने लगा, तब भी कभी-कभी वहाँ जानेपर अतरसन जरूर जाता। उनके पुत्र की पीढ़ी के दस-दस, बारह-बारह वर्षके लड़कोंको मैंने देखा था। सबका नाम याद रखना मुश्किल था। अब इन लड़कोंकी भी दूसरी पीढ़ी आ गई है, जिनकी संख्या दर्जनसे ऊपर है। बाबू देवनारायण सिंहका संयुक्त परिवारका आदर्श उनकी जिन्दगी भर किसी तरह चला। अगली पीढ़ीको अब ग्रामीण रहन-सहन पसन्द नहीं है। घरमें तीन ग्रेजुयेट हो गये, दूसरे भी कितने ही शिक्षित हैं। सबको अपनी-अपनी फिकर करनेकी जरूरत पड़ी।

रामनरेश बाबू या डाक्टर बाबूने भारतको आजाद देखा। उनके बड़े भाई खुशामदी राज्यके नौकर रहते भी राष्ट्रीयताके पक्षपाती थे, और कांग्रेसको जहाँभी रहते सहायता देते। अल्पशिक्षित रहते भी रामनरेश बाबूने अपने जीवनका बहुत सदुपयोग किया। वह कभी भय या प्रलोभनसे डिगे नहीं।

उनके पिताका नाम बाबू रघुवीरसिंह था, और माताका नाम तिलेसरा देवी। संवत् १९४९ (सन् १८९२ ई०) के सावन सुदी अष्टमीको उनका जन्म हुआ।

बाबू लक्ष्मीनारायण सिंह

असहयोगकी आँधीमें पड़नेके पहले तरुण लक्ष्मीनारायण हाईस्कूल में पढ़ते थे। फिर देशके हजारों नवयुवकोंकी तरह वह देश-सेवाके लिये स्कूलसे निकल आये। उनका जन्म-स्थान खास एकमा गाँव था, जो कि छपरा जिलेके एक महत्वपूर्ण थानेका सदर-मुकाम था। उनके पिता भागलपुर जिलेके सोनबरसा राजाकी जमींदारीमें तहसीलदार थे। छपरा जिलेमें जमीनकी आम शिकायत है, और शायदही किसी किसानके पास इतना खेत हो, जिससे उसकी जीविका चले। लक्ष्मी बाबूके पिता दो भाई थे। बाबू मुखलालसिंह सोनबरसामें नौकरी करते थे, और उनके छोटे भाई बाबू रामचरित्र सिंह घरका काम देखते थे। दोनों भाइयोंमें बड़ा प्रेम था। दोनोंके एकही एक पुत्र थे। बाबू रामचरित्र सिंहके लड़के सीतलसिंह एक मस्तमौला तरुण थे। वहाँके स्टेशन मास्टर और तार बाबू से भी ज्यादा वह स्टेशनकी ड्यूटी बजाया करते थे। कोई ट्रेन ऐसी नहीं थी, जिसके समय वह स्टेशनपर न पहुँचते हों। बस खाने भर उनको घरसे काम था। ड्यूटीका जो भी काम मिल जाता, उसे वह बड़े शौकसे पूरा करते। उन्हें न घर से मतलब था, न घरके किसी काम से। कितने ही लोग उनकी इस तत्परताका मजाक उड़ाते थे, लेकिन उनको कोई चिन्ता नहीं थी।

लक्ष्मी बाबू घरके सबसे बड़े लड़के थे। पिता-चचाने यही आशाकी थी, कि पढ़कर कोई सरकारी नौकरी करेंगे, या वकील बनेंगे पर उन्होंने दूसराही रास्ता अख्तियार किया। मैं जुलाई १६२१ में एकमा थानेमें पहुँचा था। उसी समयसे वह मेरे सहयोगी रहे। बाबू प्रभुनाथ सिंह, पं० गिरीश तिवारी भी उन्हींकी तरह असहयोगी छात्र थे, जो इस थानेमें कांग्रेसका काम कर रहे थे, दोनों दूसरे थानोंके रहने वाले थे, और कई सालोंके कामके बाद

वह एकमा छोड़कर अपनी जगहोंमें गये। लेकिन, लक्ष्मी बाबू एकमाके कीर्तिस्तम्भ बनकर बराबर वहीं बने रहे। पहले दिन रातको मैं स्टेशन पर उतरा और सीधे परसा चला गया। वहीं लक्ष्मी बाबू आदि मेरे तरुण साथियोंसे पहलेपहल मुलाकात हुई।

जिस समय गाँधीजीने अंग्रेजोंके खिलाफ शान्तिमय विद्रोहका झण्डा उठाया, सारे देशमें जोशकी लहर दौड़ गई थी। बिहार उसमें सबसे आगे रहा। उसका एक कारण यह भी था, थोड़ेही समय पहले चम्पारन जिले में निलहे गोरोंकी तानाशाहीके खिलाफ उन्होंने सफल संघर्ष किया था। गाँधी जीके इस कामको बिहारका बच्चा बच्चा जानता था, और छपरा तो चम्पारनका जुड़वाँ भाई था। तिलक स्वराज्य फण्डके जमा करनेमें भी छपरा आगे रहा। स्कूलोंको छोड़कर आये विद्यार्थी और असहयोगी वकील उस समय गाँव-गाँव घूमकर स्वतन्त्रताका संदेश पहुँचाते रहे। लक्ष्मी बाबू जैसे तरुणोंको भी उस समय कामकी कमी नहीं थी। लेकिन, जुलाई तक जबकि मैं छपरा पहुँचा—वह जोश ठंडा पड़ गया था। पहले जोश में हर थानेमें थाना कांग्रेस कमेटियाँ कायम हो गईं थीं। बहुतसे गाँव तकमें भी कांग्रेस पंचायतें बन गई थीं। परसा जैसे बड़े गाँवोंमें स्वयं-सेवक भरती हुये थे, जो रातको लालटेन लिये पहरा भी दिया करते थे। जब जोश ठण्डा हो गया, और स्वराज्य भी नहीं मिला, उसकी प्रतिक्रिया होनी जरूरी थी। बहुतसे थानोंके कांग्रेसी संगठन शिथिल हो गये। नौजवानों मेंसे बहुतही कम फिर स्कूलोंमें आकर दाखिल हुये। वह काम करनेके लिये तैयार थे, लेकिन उनको काम नहीं मिल रहा था। रचनात्मक कामके नाम पर चरखा कातने, करघेको चलानेका उपदेश दिया जाता था। कुछ थानोंमें लोगोंने इसे करना भी चाहा, पर यह आनुषंगिक काम हो सकता था, मुख्य काम नहीं। ऐसे समय नौजवानोंका दृढ़तापूर्वक अपने काममें लगे रहना आसान काम नहीं था। लोग लाखोंकी तादादमें जेल जानेके लिये तैयार थे, पर अंग्रेज ऐसी कृपा दिखलानेके लिये सन्नद्ध नहीं थे।

शिथिलताके समय लक्ष्मी बाबूने बिहार विद्यापीठमें अपनी शिक्षा समाप्त की, और वहाँसे विद्यालंकार बनकर निकले। अब उनके लिये एकही काम था। चाहे आन्दोलन ठण्डा हो या गरम, कांग्रेस और स्वराज्य आन्दोलनकी ज्योति जगाये रखना। उनमें कुछ पत्रकारिताका भी गुण था, और उसी समय "अमृत बाजार पत्रिका" और एकाध दूसरे अंग्रेजी पत्रोंके वह स्थानीय संवाददाता रहे। एकमामें असहयोग करने वाले छोटे छात्रोंके लिये गाँधी विद्यालय कायम किया गया था, जिसमें भी लक्ष्मी बाबू पढ़ाते थे। शायद १६०८ या १६१० के करीब—जब अभी अंग्रेजी शिक्षामें बहुत प्रगति नहीं हुई थी—इसी थानेका एक तरुण मैट्रिक परीक्षा में बैठा था। दिमागकी मशीन बहुत बारीक होती है, न जाने क्या कारण हुआ, वह पागल हो गया। पागल होने पर भी राजासिंह मार-पीट नहीं करते थे। उनका शरीर बहुत लम्बा और अस्थि-पंजर भी बहुत विशाल था, लेकिन अव्वल तो खानेका कोई ठिकाना नहीं था, दूसरे पागलके शरीरमें अन्न लगता भी नहीं। जब बाबू राजासिंह को कह दिया जाता, तो वह लड़कोंको पढ़ाते भी थे। रात हो या दिन, वह बराबर घूमते ही रहते थे। एकमा थानेसे बाहर वह कहीं नहीं जाते थे, हालाँकि रेल थी, जानेका बहुत सुभीता था। हर वक्त कुछ बड़बड़ाया करते थे। ग्यारह-बारह बजे रातको भी बस्तीसे दूर सड़क पर चलते, या किसी पुलिया पर बैठे उन्हें बड़बड़ाते देखा जा सकता था। उनको देखकर करुणा आये बिना नहीं रह सकती थी।

गाँधी स्कूल कई साल चला, और अन्तमें लक्ष्मी बाबूके प्रयत्नसे एक बड़े हाई स्कूलके रूपमें परिणत हो गया, और कई वर्षोंसे विद्याका प्रचार कर रहा है।

आन्दोलनमें गर्मी हो या सर्दी, १६२६ तक—जब तककि मैं छपरामें काँग्रेसमें काम करता रहा—लक्ष्मी बाबूका घर मेरे लिये दूसरा स्वराज्य आश्रम था। उनके घरसे एक तरहकी विचित्र आत्मीयता थी। राजनीति में मतभेद हुआ करते हैं। शिष्य और सहयोगियोंमें भी कटुता आ जाती है,

पर मुझे याद नहीं, लक्ष्मी बाबूके साथ कभी ऐसी बात हुई हो। लक्ष्मी बाबू काँग्रेसके कामके साथ-साथ बुद्धिमें भी वृद्धि करते गये। समय के साथ वह असहयोगी नवतरुण ज्ञान और अनुभवमें बढ़ता गया। पर, उनका छोटासा कद और दुबला-पतला शरीर आज भी वैसा ही है। दुबला-पतला होनेका मतलब यह नहीं, कि वह अस्वस्थ रहते रहे। लक्ष्मी बाबू गाँव पंचायतके मुखिया बने। जिला बोर्डमें जाकर उपाध्यक्ष निर्वाचित हुये, और फिर काँग्रेसी एम० एल० ए० बने। यह सब होते हुये भी उनके सरल स्वभावमें कोई अन्तर नहीं आया।

लक्ष्मी बाबूका जन्म सितम्बर १८६७ में हुआ था, अर्थात् इन पंक्तियोंके लिखते समय वह ५६ वर्षके हो चुके हैं। उनकी माता अच्छीनादेवी अभी भी जीवित हैं, यद्यपि पिता-चचाका देहान्त हो चुका है।

बाबू हरिहर सिंह

बाबू हरिहर सिंह छपरामें हाई स्कूलमें पढ़ते थे, और असहयोगी होकर अपने थानेमें काम करने लगे। उनमें एक विचित्र सादगी थी, बातोंके करनेमें अजब भोलाभालापन था। उनका जन्म देकुली गाँवमें मई सन् १८९७ में हुआ था। पिता महावीर सिंह और माता बतीनो देवी साधारण स्थितिके गृहस्थ थे। छपराके और भी हजारों घरोंकी तरह उनके कुलने भी कूचबिहारमें कुछ जमीन लेकर खेती कर रक्खी थी, जहाँसे खाने भरके लिये चावल आ जाता था। हरिहर बाबू असहयोग से पहले अपने स्कूली दिनोंमें छपराकी रपट पार्टीमें थे। इस पार्टीके अगुआ माँझी के बाबू सभापति सिंह थे। भोजपुरियोंमें आत्मसम्मानकी मात्रा जरूरतसे अधिक है। वह न वैयक्तिक और न जातिगत अपमानको सह सकते हैं। कोई अधगोरा पुलिस-इन्सपेक्टर था, जो नाहक लोगोंको रास्ता चलते ठोकर मार देता था। सभापति बाबू अपने बड़े भाईकी तरह पहलवानतो नहीं थे, लेकिन काफी हट्टे-कट्टे थे। स्कूलमें पढ़नेकी जगह उन्होंने अपना समय रपट पार्टीको संगठित करनेमें लगा दिया। इस पार्टी ने उक्त अधगोरे जैसे बिगड़े अफसरोंको पाठ पढ़ानेका व्रत ले रक्खा था। सभापति बाबू जान-बूझ कर सड़कसे हट नहीं रहे थे। सामनेसे वह अधगोरा साइकिलपर घंटी बजाता आ रहा था। जानते ही थे, उसका पारा जरूर हदसे ज्यादा गरम हो जायगा। उसने साइकिल रोककर हाथ चलाना चाहा, लेकिन सभापति उससे पहलेही तैयार थे। उन्होंने गोरेको खूब पीटा, साइकिलके साथ उसे खंदकमें फेंक दिया। रपट पार्टीकी विजय-दुंदुभि सब जगह बजने लगी। हमारे तरुणोंके लिये यह बहुत आकर्षक बात थी। हरिहर बाबूने रपट पार्टीके सदस्य रहते वक्त क्या काम किया था, यह मालूम नहीं, पर वह सरगर्म मेम्बर थे, इसमें सन्देह

नहीं। ऐसा भोलाभाला नौजवान ऐसे खतरनाक काममें हाथ डाल सकता था, उन्हें देखकर इसकी कोई आशा भी नहीं कर सकता था।

हरिहर बाबू अपने थानेमें कांग्रेसका काम करते थे। देकुली एकमा से मील-डेढ मील दूर है। घरसे भोजन कर आते, फिर चाहे स्कूलमें पढ़ाते, चाहे जो दूसरा काम दिया जाता, उसे करते। काँग्रेसका काम एक-दो वर्षका तो था नहीं, और हरिहर बाबू अपने जीवनके अन्त (१६४३) तक उसी तरह कांग्रेसी कार्यकर्ता रहे। अफसोस है, उन्होंने अपनी आँखो देशको स्वतन्त्र नहीं देखा। किसी-किसी साल उन्हें भी कूचबिहार अपनी खेतीपर जाना पड़ता, और दो-चार महीने बाद लौटते, तो वहाँकी बातें बतलाते। लक्ष्मी बाबूकी तरह उनको स्कूल छोड़नेके बाद पढ़ने से इतना ही सरोकार था, कि गाँधी विद्यालयमें पढ़ा दिया करते थे। उनकी कोई महत्वाकांक्षा नहीं थी। एक सालके भीतर स्वराज्य हो जानेकी आशासे वह और उनके साथी स्कूल छोड़कर आये थे, लेकिन एक सालकी जगह कितने साल बीत गये। एकमाकी स्थिति विशेष थी, वहाँ स्वतन्त्रता का चिराग बराबर थोड़ा घना जलता रहा। दूसरे ऐसे भी स्थान थे, जहाँ कांग्रेसको लोग बीच-बीचमें भूल जाते। उस समय भी हरिहर बाबू जैसे तरुणोंके अटूट विश्वासको देखकर मनमें बहुत श्रद्धा पैदा होती थी। खासकर उन लोगोंको याद करके तो और भी मनमें करुणा आती है, जिन्होंने अपनी जवानीके अनमोल वर्ष देशकी आजादीके लिये लड़ने में लगाये। उन्हें जीवनमें कोई वैसी कीर्ति नहीं मिली। और हरिहर बाबू की तरह कितनीही गुमनाम समिधायें हमारे देशके स्वतन्त्रता-यज्ञमें चुपचाप पड़ीं। वह व्यर्थ नहीं गई, उन्होंने उस आगको प्रज्वलित रक्खा, जो अन्तमें अँग्रेजोंका देशसे बाहर निकालनेमें सफल हुई।

बाबू रामउदार राय

रायकी पदवी उत्तर प्रदेशके भोजपुरी इलाकेमें राजपूतोंमें नहीं देखी जाती, पर बिहारमें राय, कुँवर आदि उपाधियों वाले भी राजपूत मिलते हैं। बाबू रामउदार राय एकमाके पासके, उससे सटे हुए गाँव भुइलीमें १८९७ में पैदा हुए थे। उनके पिता बाबू जगतराय साधारण स्थितिके किसान थे। असहयोग उन्होंने किया, फिर मैट्रिक भी पास कर लिया। थे पतले, लेकिन छफुटे जवान थे। मेरा उस समय नाम रामउदार बाबा था। यह एक विचित्र-सा नाम है, जिसमें गोस्वामीजीकी कृति का प्रभाव साफ दिखाई पड़ता है। रामको उन्होंने अपनी किसी चौपाईमें उदार कहा है। उसी दोनोंको मिलाकर इस नामकी सृष्टि हुई। मेरे साधु होनेसे पहले ही एक रामउदार दास हमारे गुरुके चेला रहे थे, जिनके मरनेका उनको बहुत अफसोस था। इसीलिये मुझे वह नाम दुबारा मिला। मैं तो समझता था, सारे भारतमें किसीका ऐसा नाम न हुआ, न है। पर, मेरी यह धारणा झूठी साबित हुई, ऋषिकेश के पास लछमनझूला के एक महन्तका यही नाम मैंने सुना। पर, गृहस्थोंमें इस नामकी कभी सम्भावना नहीं थी, लेकिन यहाँ हमारे सामने रामउदार राय मौजूद थे। "अन्धेर नगरी चौपट राजा" वाली घटना रामउदार रायपर साक्षात् घटी थी। किसी सभाके सिलसिलेमें मेरे नाम वारंट निकला, और एकमाकी पुलिसने बाबू रामउदार रायको पकड़ लिया। शायद दो-चार दिन वह बड़े घरकी हवा भी खा आये, लेकिन अन्तमें गलती मालूम हुई, और उन्हें छोड़ दिया गया।

जवानीके दिन कितने मोहक होते हैं। तरुणोंका सम्बन्ध कितना स्वार्थहीन और प्रिय होता है, इसे कहनेकी आवश्यकता नहीं। जो तरुण असहयोगके जमानेमें मिलकर काम करते थे समय बीतनेके बाद उनमें

से कितने दूसरे काम अपनानेके लिये मजबूर हुए, क्योंकि आखिर आदमी हवा पीकर नहीं रह सकता। तरुणके ऊपर समय बीतते-बीतते घरकी जिम्मेवारी आ जाती है । रामउदार बाबू एकमाके गांधी विद्यालयमें आकर पढ़ाते थे। पीछे उन्होंने स्कूलकी नौकरी कर ली । सिखवनके मिडिल स्कूलमें गये, लेकिन तब भी उनका मन एकमामें रहता था। उनके बातचीतका ढंग बड़ा ही आकर्षक होता था। हँसने हँसानेमें कमाल करते थे। हाँ उनकी हँसी आँखों और ओंठों तक ही सीमित रहती थी, पर दूसरे मुग्ध हो जाते थे। नजाने कहाँसे घटनायें ले आते थे। जान पड़ता था विनोदकी बात उनके सामने कोई ऐसी नहीं घटती थी, जिसको वह नोट न कर लेते हों। उनकी खुशमिजाजी सभीको पसन्द थी।

एक बार धुरौंधा रेलवे स्टेशनपर दूसरी ट्रेनपर चढ़ते मैंने रामउदार को देख लिया। उनका चेहरा फिरा हुआ था। मैं निश्चय नहीं कर पाया। पीछे यह जाना, लकवाका प्रहार था, सौभाग्य था थोड़ेही समय बाद वह बिल्कुल ठीक हो गये। स्कूली नौकरी परतन्त्रताकी नौकरी थी। उन्होने सोचा और हम लोगोंने भी सलाह दी, कि मुख्तारी पास कर लें। मुख्तारको नौकर जैसी पाबन्दी नहीं थी। हम समझते थे, वह अपना कितनाही समय राष्ट्रीय काममें भी लगायेंगे, यद्यपि यह धारणा गलत थी, क्योंकि तरुणाईसे आदमी जब प्रौढ़ताकी सीमाके भीतर पैर रखता है, तो वह उतना स्वच्छन्द और निर्लेप भावसे जीवनको बिता नहीं सकता। वह मुख्तार नहीं बन सके।

उनका गाँव भुइली, एकमासे सटा ही है। उसकी खेतीकी बहुत सी जमीन धुरदह तालमें पड़ती है। सब जगहके किसान मनाते हैं, खूब सुवृष्टि हो और भुइली वाले इससे उलटा चाहते हैं। अधिक वृष्टि होने पर उनके धानोंके खेत धुरदहके पेटमें चले जाते हैं, और वह बीज भी लौटा नहीं पाते। जिस साल सूखेसे हाहाकार मचता, उस समय भुइली वाले मालामाल हो जाते। उनके धानके खेत एकड़में तीस और चालीस मन देते, फसलको काटना मुश्किल हो जाता। जिस वक्त भुइली वालोंका

घर धुरदहकी कृपासे धानसे भर जाता, उस साल अकाल-पीड़ितोंको भी धुरदहसे कुछ अवलम्ब जरूर मिलता। वह वहाँ कमलकी जड़ या करमीका साग मनों ढो ले जाते।

रामउदार बाबूका चाहे नौकरी करते हों, या नहीं, बराबर राष्ट्रीय आन्दोलनसे सम्बन्ध रहा। वह भी उन्हीं नौजवानोंमें से थे, जो अपनी आँखों देशको स्वतन्त्र नहीं देख सके।

बाबू रामबहादुर लाल

एकमाके पास चिसुनपुरा एक कायस्थ परिवारमें रामबहादुर बाबूक जन्म संवत् १६५७ (ईसवी १६००) में हुआ था। उनके पिता श्री ठाकुर लालजी और माता शिवसाखो देवी अत्यन्त साधारण स्थितिके गृहस्थ थे। गाँवोंमें वैसे तो अधिकांश लोगोंके घरमें दरिद्रता पैर तोड़ कर बैठ रहती है, पर निरवलम्ब कायस्थ परिवारकी स्थिति और भी दयनीय होत है, जिनका खानदानी पेशा मुंशीगिरी होती थी। उत्तर प्रदेशके बहुत से भागोंमें गाँवकी पटवारीगीरी कायस्थोंकी खानदानी चीज समझी जात है। बिहारमें पटवारी सरकार का नहीं, बल्कि जमींदारका नौकर होता था, जिसका वेतन बहुतही कम था। और यदि किसी कायस्थको वह भी न प्राप्त हो, तो उसके घरकी स्थिति इतनी दयनीय हो जाती, जिसके बारे में सोचाभी नहीं जा सकता। रामबहादुर बाबूका परिवार इसी स्थिति का था। माता-पिताने बड़ी लालसा और तकलीफके साथ अपने लड़के को अंग्रेजी पढ़ाया था, वह आगे चलकर घरका अवलम्ब साबित होगा। पर, तरुण रामबहादुर गाँधीकी आँधी में पड़ गये, और स्कूल छोड़कर अपने थानेमें काम करने लगे। १६२० से लेकर आज तक किसीन किसी तरह वह इसी काममें लगे रहे। उनकी स्थिति पहलेसे शायद बेहतर नहीं हुई, पर इसका संतोष उन्हें जरूर है, कि देशमें अब अंग्रेजोंका राज नहीं है।

जितने लड़के स्कूलोंसे असहयोग करके आये थे, सबमें वाग्मिता नहीं थी, और न सभीमें संगठन करनेकी स्वाभाविक प्रतिभा थी। पर चुपचाप रह करके कांग्रेसके संगठन और संस्थाओंको जीवित रखने वाले आदमियोंकी भी जरूरत कम नहीं थी। एकमा थानेमें पं० नगनारायण तिवारी बहुत अच्छे वक्ता थे। वह भोजपुरीमें गीत बनाते थे और बड़े

सुन्दर ढंगसे उसे गाते थे। प्रभुनाथ, गिरीश और लक्ष्मीनारायण बोलने की शक्ति रखते थे, और नेतृत्वकी योग्यता भी। पर, रामबहादुर बाबू चुप सेवा करते थे जो किसीसे कम नहीं थी। गाँधी विद्यालयमें पढ़ानेके अतिरिक्त थाना कांग्रेसके आफिसका काम उनके ऊपर था। १६२६ या १६२७ में जब पहलेपहल ग्राम-पंचायतोंका सरकारी कानूनके अनुसार चुनाव हुआ, उस समय रामबहादुर बाबू पंच चुने गये थे, पंचायत का काम अच्छी तरह करते रहे। उनका ग्रामीण कायस्थ परिवार देहाती निम्न मध्य-वर्गका एक अच्छा उदाहरण था, जिसकी आर्थिक कठिनाइयोंका कोई वार-पार नहीं था। इन कठिनाइयोंकी छाप अगर परिवारके तरुण के ऊपर पड़े, तो कोई आश्चर्य नहीं। यह दिन-दिन और घड़ी-घड़ीकी तपस्या थी, जिसके भीतरसे बहुत कम कांग्रेसकर्मियों को गुजरना पड़ा था। इसे देखते हुये रामबहादुर जीके तरुण जीवनका उत्सर्ग और भी महत्व रखता है।

बाबू प्रभुनाथ सिंह

बाबू प्रभुनाथ सिंह[1] आज बिहारके कांग्रेसी नेताओंमें एक विशेष स्थान रखते हैं। वहाँके एम० एल० ए० तथा कांग्रेसी दलके संचालक हैं। असहयोगके जमानेमें वह स्कूल छोड़ कर एकमा थानेमें काम करने लगे। उनकी योग्यताका सबूत यही है कि जब मैं पहले-पहल वहाँ काम करने के लिये गया, तो वही थाना कांग्रेस कमेटीके मन्त्री थे। उनका जन्म घाघरा (सरयू) और गंगाके बीचमें अवस्थित सिताब दियरामें १ जनवरी १९०० को हुआ था। सिताब दियरा का एक भाग बलिया अर्थात् उत्तर प्रदेशमें भी है। छपराके साथ मिलनेमें सरयूकी धारा बीचमें बाधक है। बलियाके साथ उस तरहकी कोई बाधा नहीं है। बाबू जयप्रकाश नारायणका जन्म भी उसी सिताब दियरामें हुआ। इसे बलियासे काट कर छपरामें क्यों रक्खा गया, इसका कारण शायद उस समय कोई रहा हो। वैसे भाषाके तौर पर बलिया और छपरा दोनोंही भोजपुरी भाषी हैं।

स्कूलों और कालेजोंसे असहयोग करके झुण्डके झुण्ड लड़के निकले थे। कांग्रेसी नेता भी अभी नये-नये थे, इसलिये कामका तजर्बा नहीं था। विद्यार्थियोंको उन्होंने जगह-जगह भेज दिया। उस वक्त यह ख्याल नहीं

---

१. जन्म—१ जनवरी १९०० ई०।

पिता का नाम—बाबू अनूपसिंह (९० वर्षके अब भी जीवित हैं)।

माता—श्रीमती सम्पतिदेवी (मृत्यु १९५३)।

गाँव—साहेबजादा टोला, सिताब दियरा, थाना छपरा।

१९२१—असहयोग, कांग्रेस सेवादलके जिला-सरदार।

१९२४—से १७ साल तक सारन जिला-बोर्डके सदस्य और अधिकारी।

१९३७—बिहार विधान-सभाके सदस्य।

१९३७—४९ कांग्रेस पार्टीके मुख्य सचेतक।

हो सकता था, कि किसका उपयोग कहाँ अधिक होगा। प्रभुनाथ बाबूका थाना छपरा था। लेकिन, छपरा (रिविलगंज) और उनके बीचमें सरयू महानदी पड़ती थी। उनके लिये जैसा छपरा वैसा एकमा। प्रभुनाथ बाबूने एकमा में कांग्रेस का काम सँभाला। वर्षों वह थाना कांग्रेसके मन्त्री रहे।

जुलाईमें एकमा स्टेशन पर उतर कर मैं स्वयं रात को स्वराज्य आश्रम नहीं जा सका, लेकिन चिट्ठी आदमीसे मन्त्री जी के पास दे दी। वह मन्त्री प्रभुनाथ बाबू ही थे। थानेके तरुण कार्यकर्ताओंको लिये वह दो-एक दिन बाद परसा पहुँच गये। फिर तो हमारा रात-दिनका साथ था। उनमें संगठन करनेकी शक्ति थी, अच्छा बोलते थे और कामके लगनकी तो बात ही नहीं करनी। हमारा थाना उनके जैसे तरुणोंको पाकर कांग्रेसके काममें जिलेमें प्रथम रहता था। दूसरी जगह तिलक स्वराज फण्डके जमा कर लेनेके बाद काममें शिथिलता आ गई। एकमामें इसके बाद एक बहुत बड़ी सभा हुई। सारे थानेके गाँवों से लोग जलूस लेकर आये। जलूसमें बीस-बाइस हाथी थे। एकमा खासमें उतना बड़ा बगीचा या स्थान नहीं दिखाई पड़ा, जहाँ सभाकी जा सके, इसलिये माधवपुरके बगीचेमें सभाका इन्तजाम किया गया था। जिलेके नेता शामिल हुए। उस दिनकी सभा और ४०० के करीब वर्दीधारी स्वयंसेवकोंको देखकर लोगोंको आश्चर्य होता था। यह कहने की आवश्यकता नहीं कि इस सभाके संगठनमें प्रभुनाथ बाबूका विशेष हाथ था।

नौजवानोंको काम चाहिये। काम देखने पर उनका जोश बढ़ता है। वह और लगनसे काम करने लगते हैं। यही बात हमारे एकमा के तरुण नेताओंके बारेमें थी। मुझे थानेसे बाहर जिलेमें भी घूमते रहनेकी जरूरत पड़ी, लेकिन मैंने कभी एकमाको छोड़ कर ऐसा नहीं किया। घूमनेके लिये एक घोड़ा और बड़ा सा एक्का ले लिया था। उस समय अभी पीठ पर मुर्गा रखने वाले एक्कोंका ही चलन था, जो युक्तप्रदेशसे कभीके लुप्त हो चुके थे। नये तरहके एक्केको बिहारमें टमटम कहा जाता था। सत्याग्रहकी तैयारी होने लगी। सभायें करके लोग नाम लिखाने लगे।

सरकार ने स्वयं-सेवक संगठनको गैरकानूनी घोषित कर दिया था। लेकिन, कानून क्या करता, जब लाखोंकी तादादमें लोग खुशीसे जेल जानेके लिए तैयार थे, और उनके रखनेके लिये जगह नहीं थी, इसीलिये कुछ चुने हुये लोगोंको ही सरकार ने गिरफ्तार किया। उसीमें मैं भी गिरफ्तारहो गया, जैसा कि पहले बतलाया, नामकी समानतासे मेरे बदले बाबू रामउदार राय पहले गिरफ्तार कर लिये गये, पीछे गलती मालूम हुई। मैं जेल चला गया। एकमा, माँझी, सिसवन, रघुनाथपुर और रिविलगंजके थानोंको हमारे नौजवानों ने संगठित करके जगाने का काम किया। कुछ दिनों बाद प्रभुनाथ बाबू सग्गड़ (टमटम) पर चढ़े दूसरे थानेमें सभा करने गये, और वहींसे पकड़कर जेल भेज दिये गये। बिहारमें हम सबको बक्सरके सेन्ट्रल जेल में रक्खा गया था। प्रभुनाथ बाबू भी आ गये। बाहर की, विशेषकर अपने क्षेत्रकी, राजनीतिक गति-विधिको जाननेकी बड़ी इच्छा होती थी। उन्होंने सब बातें बतलाईं। करीब छः महीने बक्सर जेलमें साथ गुजारने पड़े। बाहर सारा समय राजनीतिमें और जेलमें सारा समय पढ़ने-लिखनेमें लगाना मेरा नियम था। वहाँ कितने ही विषयोंके विद्वान् थे। वह क्लास लेते थे, स्कूल छोड़ कर आये, विद्यार्थियोंके लिये स्वेच्छापूर्वक यहाँ विद्यालयमें दाखिल होनेका मौका मिला, और करीब-करीब सभीने उससे लाभ उठाया।

इसके बाद बाहर रहते, फिर हमने अपने काम को सँभाला। लेकिन, मुझे जल्दी ही दो वर्षके लिये जेल चला जाना पड़ा। थानेका काम सँभालने वाले प्रभुनाथ बाबू और दूसरे नौजवान मौजूद थे।

१६२६ के बाद मुझे एक तरह अपने कार्यक्षेत्र और क्रियात्मक राजनीतिको छोड़ना पड़ा। बीच-बीचमें कभी-कभी एकमा और छपरा जरूर जाता। उस वक्त यह देखकर बड़ी प्रसन्नता होती, कि मेरे तरुण साथी उमरके साथ-साथ आगे बढ़ रहे हैं। प्रभुनाथ बाबू थाने से जिले के नेता बने। जिला-बोर्ड और दूसरी संस्थाओंमें काम करने लगे। छपराके राजेन्द्र कालेजकी स्थापनामें भी उनका हाथ था। फिर वहीं एक और डिग्री (राजपूत) कालेजके कायम करनेमें तो विशेषकर उन्हींका हाथ

रहा। एसेम्बलीमें गये। कांग्रेस पार्टीके सचेतकही नहीं बने, बल्कि बिहार प्रदेशके मुख्य नेताओंमें उन्हें स्थान मिला। मुझे एकमाके वह दिन याद आते हैं। आदमी अपने भविष्यको अपने हृदय में छिपाये आता है, लेकिन उसका अच्छी तरह पता उसे भी नहीं रहता, दूसरे क्या जानेंगे।

पं० गिरीश तिवारी

पं० गिरीश तिवारी ने मैट्रिक पास करके असहयोग किया। अपने दूसरे साथियोंकी तरह परीक्षामें बैठनेसे पहले स्कूल छोड़नेमें सबसे बड़ी अड़चन घरसे थी। वह बहुत मेधावी छात्र थे। परिवार खानदानी रईसोंका था, लेकिन अवस्था बिगड़ गई थी। अब भी जमींदार कहे जाते थे, अपने गाँव बरेजा और एकाध जगह और भी कुछ जमींदारी थी, लेकिन वह इतनी नहीं थी, जिससे घरका काम-काज अच्छी तरह चल सकता। उनके पिता कचहरीके अखाड़िया थे। जब देखो तब छपरा कचहरीमें हाजिर रहते थे। मुझे तो समझमें नहीं आता था, कि कहाँसे इनके इतने मुकद्दमें आते हैं। दूसरेके मुकद्दमोंको वकीलों और मुख्तारोंके पास ले जाकर, उनसे चौथ वसूल करनेवाले सोख्तार या एजेन्ट भी उस समय दुर्लभ नहीं थे, लेकिन बूढ़े तिवारीजी सोख्तारी नहीं करते थे। गिरीश हमारे साथ काम करते थे। बराबर उनके पितासे भेंट होती रहती थी। यद्यपि स्कूल छोड़नेके वक्त मैं नहीं था, कि बरगलानेका दोष मुझपर लगता। पर, यह तो जानते थे कि गिरीशका मेरे साथ घनिष्ट सम्पर्क है, लेकिन कभी उन्होंने इसके बारेमें मुझसे कुछ नहीं कहा।

असहयोगके आरम्भ होनेके समय तक पूर्वी युक्तप्रदेश और बिहार के शिक्षितोंमें थियोसोफीका काफ़ी जोर था। श्रीमती एनी बेसेन्ट ने एक लड़केको लेकर उसे ठोक-पीट कर जगत्‌गुरु बनानेका बीड़ा उठाया था। जगत्‌गुरुके स्वागतके लिये तरुणोंकी एक मण्डली स्टार सेन्टर या न जाने किस नामसे हर जगह संगठितकी गई थी। तरुणोंके सामने उपदेश देने, उन्हें मेस्मेरिज्म या हेप्नाटिज्मके सहारे अभिभूत करनेके लिये थियोसोफीके काले-गोरे उपदेशक जब-तब देशमें घूमते रहते थे। गिरीश के बात करनेका बड़ा विचित्र ढंग है। मामूली बातको लेकर भी वह

आदमीको हँसा सकते हैं, और तारीफ यह कि अपनी हँसीको केवल आँखों तक ही आने देते हैं। उन्होंने कभी स्टार चेम्बर या जो कोई भी वह संगठन रहा हो उसकी बात बड़े मनोरंजक ढंगसे सुनाई, मैंने देखा नालायक, छोकरे वहाँ कृष्ण भगवानका दर्शन करते हैं, और मुझे कहीं कोई चुहिया भी नहीं दिखाई पड़ती थी। तीव्र और तर्कप्रधान बुद्धि पर हेप्नाटिज्म चल नहीं सकता था, इसीलिये गिरीश कृष्णका दर्शन करने से वंचित रहे।

मेधावी छात्र थे। कालेजका दरवाजा खुल गया था। घर वालोंको उनकी आवश्यकता थी। जैसे-तैसे वह पढ़ानेका खर्च भी दे सकते थे, पर गिरीशको यही अफसोस था कि मैं अपने दूसरे साथियोंके साथ पहले ही क्यों न स्कूलको छोड़ कर चला आया। उन्होंने फिर कभी कालेजकी ओर नजर नहीं दौड़ाई और बराबर राष्ट्रके काम में डटे रहे।

उनके गाँव बरेजाके बारेमें भी दो-एक बात कह देना चाहता हूँ। बरेजा एकमासे माँझी जानेवाली सड़कपर एक बड़ा गाँव है। वहाँ तिवारी ब्राह्मणोंका गढ़ था, जिसके बारेमें आस-पासके लोग सिहाते हुये कहते हैं, लछिमी और कुल दोनोंमें वह परिपूर्ण है। कभी वहाँके सभी तिवारी बहुत अच्छी हालतमें थे। लेकिन, अब दो ही तीन घर ऐसे थे, जिनके पास काफी जमींदारी थी, और उनकी बबुआई चलती थी। तिवारी लोगों की विशाल हवेलियोंको देखने से मालूम होता था कि उनके यहाँ कभी लक्ष्मीकी कृपा थी। जो अच्छी हालत में थे, वह भी कांग्रेसकी सहायता करनेसे झिझकते नहीं थे, गुप्त या प्रकट बराबर मदद देते रहते थे। गिरीश असहयोगके आरम्भ ही में एकमामें काम करने लगे थे। सदा साथ रहनेसे मुझे उनकी योग्यताका भली प्रकार पता था। प्रभुनाथ बाबू और गिरीशजी मेरे दाहिने-बायें हाथ माने जाते थे मुझको उनके ऊपर बहुत गर्व था। दोनोंकी एकमामें रहते समय ही प्रतिद्वंद्विता छिड़ गई, और यह देखकर मुझे दुःख रहा कि वह सदा के लिये रह गई।

१६२१ की वर्षाके अन्तिम महीनोंमें छपरा और उसके कई थानों में जोरकी बाढ़ आई। बाढ़-सहायताके संगठनमें मुझे भी लग

जाना पड़ा। जब मालूम हुआ, कि एकमाके कुछ भागों और उससे भी अधिक सिसवन थानेमें बाढ़से लोगोंको हानि पहुँची है तो उसकी ओर ध्यान देनेकी जरूरत पड़ी। सिसवनमें आरम्भमें कभी कांग्रेसका कुछ काम हुआ हो तो हुआ हो, नहीं तो असहयोग-आन्दोलनका वहाँ कोई पता नहीं था। आन्दोलन चला होता तो वहाँ कार्यकर्ता रहते। तरुण कार्यकर्ताओंके होने पर बाढ़ या दूसरे किसी काममें सहायताको संगठित किया जा सकता था। वहाँकी स्थितिको देखकर मैंने गिरीशको कहा, वह वहाँ जानेके लिये तैयार हो गये। एकमा मूल स्थान था, उनका भी और मेरा भी। इसलिये उसके छोड़नेमें दुःख जरूर होता था, लेकिन हमें कामको देखना था। सिसवन थाना राजनीतिक कामके लिये मरुभूमि जैसा था। वहाँका सबसे बड़ा और धनी गाँव चैनपुर था, जिसकी ही शाखा छितौली भी था। यहाँ बड़े-बड़े धनी जमींदार रहते थे, जिनकी आमदनी पहले लाखों तक पहुँचती थी। लेकिन कई उनमें बिगड़ गये थे। बिगड़े हुये जमींदार भी अपने दिमागको आसमान ही में रखते थे। कैसे वह अपने लिफाफेको कायम रखते हैं, यह हमारे जैसोंके लिये समझना भी मुश्किल था। कितनोंके महल अच्छी हालतमें थे, और कितने ही अपनी-अपनी हवेलियोंके दरवाजों और कड़ियोंको बेंच कर पी रहे थे। शराब पीनेका उनमें बहुत रवाज था। जातिके तौर पर शराबके वर्जित रहने पर भी समरथको उसे छोड़नेके लिये मजबूर नहीं किया जा सकता। लोग झट गोसाईं जी की पाँती बोल देते हैं—'समरथको नहिं दोष गुसाईं।'

चैनपुरके बाबू लोग अंग्रेजोंके परमभक्त थे। बड़े जमींदारोंका अंग्रेजोंके राज्यके भीतर स्वतंत्र अलग राज्य था। वह कानूनसे ऊपर थे, अपनी निरीह रियाया पर चाहे जो भी अत्याचार कर सकते थे। उनकी मर्जीके खिलाफ कोई कांग्रेसका काम करनेके लिये कैसे तैयार हो सकता था? चैनपुरमें या तो जमींदारोंके लग्गू-भग्गू थे, या उनके असामी (प्रजा), कुछ थोड़ेसे छोटी-मोटी दूकान करने वाले बनिये थे। बाबू

ोगोंकी छायाके कारण वहाँ कांग्रेसका बिरवा पनपने नहीं पाता था। ोरीशजीको ऐसी ही जगह काम करना था। कठिन काम था, यह मैं समझ हा था, क्योंकि बाढ़-सहायताके कामके संगठन करनेसे पहले मैं एक-दो ार चैनपुर-सिसवनका दौरा कर आया था। मुझे गिरीशजी पर पूरा ारोसा था, लेकिन यह आशा नहीं कर सकता था, कि स्कूल छोड़कर ाया एक नातजर्बेकार तरुण ऐसी जगह जाकर पूरी तौरसे काम कर केगा। गिरीशजी ने कठिन कामको उसा तरह लेकर अच्छी तरह करना ुरू किया, जिस तरह पानीमें मछली। चैनपुरके डरपोक बनिये और ़सरे लोग उनकी सहायता करनेके लिये तैयार हुये। बाढ़में सहायता देने ़ लिये उन्होंने जगह-जगह घूम-घूम कर जो काम किया था, उसका बहुत ़भाव पड़ा। सिसवन थाने और चैनपुरमें धीरे-धीरे कितनेही कांग्रेसके ़र्मी तैयार हो गये। बाबू लोगो में छितौलीके बच्चा बाबू (बाबू श्रीनन्दन साद नारायण सिंह) उनके प्रभावमें आये। बच्चा बाबूने अपना समय ़ांग्रेसको देना शुरू किया। कितनेही समय तक गिरीशजी सिसवन थाने ़ प्रधान नेता और कार्यकर्ता रहे। साधारण लोगोंमें मिल जाना, ़नके पेटमें बैठ कर बातोंको समझाना जैसे जननायकके गुण उनमें ़ौजूद थे।

चरखा और खद्दरके बारेमें मेरा वही विचार नहीं था, जोकि गाँधीवादी ़ताओंका। तो भी जब लोग बाढ़ या दूसरे कारणों से भूखे मर रहे हों, ़स वक्त चरखा और खद्दरसे उनको चार पैसे मिल सकते थे, यह ़नके लिये बड़ी सहायता थी। इसे मैं स्वीकार करता था। बाढ़के समय ़ने बहुतसे चरखे और करघे बनवाये। सिसवन भी "अपनीही जगीरी" ़ था। सन्देश जानेपर गिरीशजी ने वहाँसे चार सौके करीब तकुये ़नवा भेजे। बेचारे लोहारको कुछ मजूरीके पैसे मिले। एकमामें हम ़नका पूरा उपयोग नहीं कर सके।

दो सालकी दूसरी जेल-यात्रासे लौटनेके बाद १६२५ में फिर हम ़से ही काम करते रहे। उस समय बच्चा बाबू और गिरीशजी भी कानपुर

कांग्रेसमें गये थे। कांग्रेसके बाद मुझे घुमक्कड़ीने खींच लिया, और पाँच-सात महीने मैं पंजाब, कश्मीर, लद्दाखकी सैर करने चला गया। इस बीच ऐसी घटना घटी कि हम दोनों दो विरोधी कैंप में चले गये। बच्चा बाबू कांग्रेसमें दिल लगाकर काम कर रहे थे। सिसवनके कांग्रेसी कार्यकर्ताओं और गिरीशजीका ख्याल उन्हें कांग्रेसकी ओरसे एसेम्बलीमें खड़ा करने का होना स्वाभाविक था। मैं बराबर देखता नहीं था, लेकिन पिछले दो-तीन वर्षोंमें बच्चा बाबूने मन लगाकर काम किया था। जिले भरमें घूमे थे और आधे जिलेके कांग्रेसी कार्यकर्ताओंका उन्होंने विश्वास प्राप्त कर लिया था। लद्दाखकी ओर मेरी अनुपस्थितिमें कांग्रेसकर्मियोंने बच्चा बाबूको एसेम्बलीमें भेजनेका पक्का निश्चय कर लिया, इस निश्चयमें सबसे बड़ा हाथ गिरीशजीका था।

लेकिन उस चुनाव-क्षेत्रसे कांग्रेस चुनाव-मण्डलने एक दूसरे योग्य कांग्रेसकर्मीको खड़ा कर दिया। अब हमारे कार्यकर्ताओंकी गति साँप-छछुन्दरसी हुई। बच्चा बाबूको गिरीशजी वचन दे चुके थे, उनके साथ और भी कितनेही कार्यकर्ता प्रतिज्ञाबद्ध थे। वह उन्हें बीचमें कैसे छोड़ सकते थे? मेरे लिये तो कांग्रेसने जिसको खड़ा कर दिया, उसीका समर्थन करना आवश्यक था। मेरी भी इच्छा थी कि कांग्रेसकर्मियोंकी रायको ठुकराना नहीं चाहिये। जिसके लिये उनकी राय थी, उसकी सफलताकी भी अधिक संभावना थी। चुनावमें मैं कांग्रेसी उम्मीदवारके लिये सभायें करता फिरता, और उधर गिरीश कांग्रेस-विरोधी उम्मीदवार के सारथी बने। इसमें शक नहीं कि गिरीश जैसा सारथी यदि न मिला होता, तो हजारों खर्च करके भी बच्चा बाबू हार जाते। हम दोनोंकी विचित्र स्थिति थी। महाभारतके द्रोण और अर्जुनकी कथा याद आती थी। दोनों दो ओरसे लड़ रहे थे, लेकिन उनके निजी सम्बन्धमें कोई अन्तर नहीं आया। चुनाव के दौरेमें हम कभी-कभी मिल जाते, गिरीश आकर चरण छूकर बाबाको प्रणाम करते।

इसी चुनावमें एक और भी बात आई। किसानोंके प्राण-स्वामी

सहजानन्द सरस्वती उस समय बच्चा बाबूके समर्थक होकर उनके चुनाव-क्षेत्रमें घूमते थे। प्रचार करनेवाले मेरे धुआँधार प्रचारसे घबराते थे, और कभी ऊटपटाँग बातें भी करना चाहते थे। हम दोनों अभी इतने घनिष्ट नहीं हुये थे, लेकिन एक दूसरेके अदृष्ट प्रशंसक थे। जब कभी कोई ऐसी बात बोलना चाहता, तो स्वामीजी उसे डाट देते थे—चुप रहो, तुम्हें उनका क्या पता है।

चुनाव में गिरीश जिसके सारथी बने थे, उसकी जीत हुई, और कांग्रेस की हार हुई। चुनावके समय ऐसी घटनाओंका अभी पहलेपहल तजर्बा था, लेकिन मैं कुछ सजग हो गया था। एक बार कांग्रेसके विरोधमें खड़े लोग सदा उसके विरोधी नहीं रह सकते। बच्चा बाबू फिर कांग्रेसमें आये। गिरीशजी ने चुनावके वक्तमें चाहे जो कुछ किया हो, पर वह बराबर कांग्रेसके रहे। १६२७ के बाद मैं बाहर रहने लगा, गिरीश अपने और कितने साथियोंकी तरह स्वतन्त्रता आन्दोलनमें कार्य करते रहे। कितनी ही बार जेल गये। नमक-सत्याग्रहमें तो बरेजाने कमाल कर दिया था। वहाँ गोरखा सैनिक बैठा दिये गये थे। राष्ट्रीय झण्डा खड़ा होने नहीं पाता था, लेकिन बरेजाके तरुण न जाने कब किसी ऊँचे पेड़के ऊपर राष्ट्रीय झण्डा गाड़ आते। गोरखा सैनिक और अफसर उसके उतारनेके लिये परेशान हो जाते। बरेजासे डेढ़ ही मील पर दो-दो हाई स्कूल होने पर भी गिरीश तिवारीके प्रयत्नसे वहाँ हाई स्कूल खुला। उनका सम्मान जिले और प्रान्तमें बढ़ा। एक बार कुछ समय तक उन्होंने प्रान्तके जन-कल्याण-विभागके उपाध्यक्षका काम सँभाला। कांग्रेसकी ओरसे एसेम्बलीमें चुने गये। आज सारे बिहारमें उनकी दक्षताको लोग मानते हैं। उनके बूढ़े पिता अपने पुत्रको इस अवस्थामें नहीं देख सके। पिताने पीछे अपनी सफेद दाढ़ी बढ़ा ली थी। सन् ४२ के आन्दोलनमें गिरीशजी ने दिल खोल कर भाग लिया। उसी समय पुलिसके हाथ न पड़नेके लिये उन्होंने दाढ़ी बढ़ाई, फिर उसके साथ मोह हो गया।

गोस्वामी फुलनदेव गिरि

एकमा थानेमें बेतवनिया एक छोटा-सा गाँव है। असहयोगके समय में बहुत बड़ी संख्यामें विद्यार्थी स्कूल-कालेज छोड़कर चले आये थे। कुछ दिनों उन्होंने काम भी किया, लेकिन पीछे कामके अभाव या राजनीतिक अनुत्साहके कारण कितने ही घरमें बैठ गये। गोस्वामी फुलनदेव गिरि बेतवनियाके रहने वाले थे, और कालेजमें आई० ए० (एफ० ए०) में पढ़ते थे, जहाँसे असहयोग करके चले आये। कुछ महीनों बाद मुझे पता लगा कि एक नौजवान विद्यार्थी अपने गाँवमें पड़ा हुआ है। उन्हें भी मालूम हुआ कि एकमा थाना जगा है। वह काम करनेके लिये आ गये। फुलनदेवजी का त्याग एक और तरहसे देखने पर भी असाधारण था। उनका शरीर दुबला-पतला है और एक पैरसे मजबूर होनेसे वह खेती-गृहस्थीका काम नहीं कर सकते थे, और न दूसरे किसी रास्तेका मिलना आसान था। काम करनेकी बात हुई। लेकिन काम क्या दिया जाय? घूम-घूम कर सभायें वह कर नहीं सकते थे।

लेकिन, कामकी क्या कमी थी? हमारे थानेमें गांधी विद्यालय लड़कों के पढ़नेके लिये था। स्वराज्य आश्रमके लिये हमने एक मकान दखल कर लिया था। बेचारे मकान-मालिक छपरा शहरके रहनेवाले थे, वह निकाल नहीं सकते थे। पढ़ानेके लिये हमारे पास नौजवानोंकी कमी नहीं थी। जरूरत नहीं थी कि जो पढ़ावे, वह सभामें भाषण देने भी जाय। फुलनदेवजीके लिये यह भी काम हाजिर था, लेकिन मैं कुछ दिनोंसे सोच रहा था, हमारे यहाँ खद्दरका भी कुछ काम शुरू हो। सैकड़ों चरखे बनवा कर हमने बाँटे, लेकिन उनमेंसे बहुतेरे ईंधनके काम आये। तजर्बेने बतला दिया कि चरखा बाँटना बेकार है। चरखेके साथ रूईको भी सुलभ करना चाहिए। जो सूत कते, उसके कपड़े बनानेका या खरीद लेनेका भी प्रबन्ध

करना जरूरी है। यदि इतना हो जाय, तो खद्दरका काम चल सकता है। छपरा जिलेमें मलखाचकमें खद्दर उत्पादनका एक बड़ा केन्द्र कायम हुआ था, लेकिन वह सब जगह अपनी बाँह नहीं फैला सकता था। फुलनदेवजी को कहा—आप यहाँ खद्दर भण्डार संगठित कीजिये। बाढ़-सहायता के मदसे कुछ रुपये इस कामके लिये मिल गये, इसलिये कार्य आरम्भ करनेमें आर्थिक कठिनाई नहीं थी। उसी वक्त मैं घूमते हुये बिन्दालाल के रामपुरमें पहुँचा। रामपुर कायस्थ लोगोंका गाँव है, किसी समय वे लोग बहुत खुशहाल थे। वहाँ पुराने जमानेकी एक हवेली उसी सालकी वर्षा में गिर गई थी, जिसमें साखूकी पुरानी धन्नी लगी हुई थीं। पचासो वर्षों की यह लकड़ी टेढ़ी-मेढ़ी होने वाली नहीं थी। मुझे मालूम हुआ, इनका करघा बहुत अच्छा बन सकता है। मैंने गाड़ी भर खरीदकर परसामें किसी आदमीके पास रखवा दिया, बढ़ई उसे करघा बना-बनाकर भेजने लगे। आधी-तिहाई ही लकड़ीका इस्तेमाल हो सका, बाकी लकड़ी जिसके पास अमानत रही, उसीके काम आई। फुलनदेवजीको सब लोग गिरीजी कहते थे। वह खानदानी गोसाईं थे, लेकिन नौजवान इतना शिष्टाचार करना नहीं जानते, इसलिये सभी लोग उन्हें गिरीजी कहा करते थे।

गिरीजी बड़ी लगनके साथ एकमाके छोटेसे खद्दर-भण्डारमें लग गये। रुई कते सूतके खरीदने और उससे कपड़ा बुनवानेके कामको उन्होंने अच्छी तरह संगठित किया। लेकिन मुकाबिला मिलके कपड़ोंसे था। अभी अम्बर चरखा जैसा कोई चरखा नहीं निकला था, इसलिये दिन में दो-चार पैसेसे ज्यादा कताई करके मजूरी पाना सम्भव नहीं था। यह लेक्चर देना आसान था कि शून्यसे चार पैसे बहुत अधिक होते हैं। लोग इसको माननेके लिये तैयार नहीं। बेकार रहना पसन्द था, लेकिन इतनी कम मजूरीका उनके लिये कोई आकर्षण नहीं था। गिरीजीने खद्दर-भण्डारको दो-एक वर्ष सँभाला, फिर वह अपने आप बैठ गया।

बड़ी जेल-यात्रासे लौटनेके बाद मालूम हुआ, कि गिरीजीने वैद्यक परीक्षा पास कर ली। बेलवनिया छोड़कर उन्होंने एकमाको प्रेक्टिस

के लिये अच्छा समझा। एकमा केन्द्रमें है, वहाँ स्टेशन, थाना, रजिस्टरीके साथ-साथ एक अच्छा खासा बाजार है। वहीं पर उन्होंने चिकित्सा शुरू करदी। लगन तो उनमें थी ही, और समझ भी, इसलिये उनकी प्रेक्टिस जम गई। बीमारोंको देखनेके लिये उन्हें पैदल जानेकी जरूरत नहीं थी, घोड़ी रखली। एकमामें रहनेसे एक फायदा यह भी था कि वह कांग्रेस के काममें बराबर सहयोग देते थे।

इसी साल (१९५६) के आरम्भमें एकमा जाने पर गिरीजीसे भेंट हुई। उनके तरुण चेहरेको ही मैंने बहुत अधिक देखा था। बीच-बीच में भिन्न-भिन्न आयुके मुँहको भी देखा, पर उसकी स्मृति मजबूत नहीं थी। अब मैं देख रहा था उनके बाल सफेद हो गये हैं। शरीर पर कुछ मांस चढ़ा तो है, लेकिन वह नाममात्र ही का। अपनी जवानीको उन्होंने देश के लिये कुरबान किया था। ऐसी कुर्बानी करनेवाले हमारे देशके नौजवान बुढ़ापेमें आर्थिक चिन्ताओंसे ग्रस्त हैं। गिरीजीसे यह सुनकर बड़ी खुशी हुई कि उनके लड़के अच्छी तरह हैं। गिरीजीका जीवन भी सुखी है। एकमामें दो-तीन घर बना लिये हैं। किसी समय उन्होंने बेतवनियामें ही जड़ी-बूटियों और औषधिके वृक्षोंको लगाना शुरू किया था। बेतवनिया छोड़ कर एकमा रहना उनके लिये अच्छा हुआ। अब तो ३० वर्षसे ऊपर एकमामें ही रहते उनको हो गये। उनके बच्चोंका घर एकमा ही है। गिरीजीको इसका अफसोस नहीं हो सकता, कि उनकी जवानी व्यर्थ गई। देशकी स्वतन्त्रताका जो स्वप्न उन्होंने तरुणाईमें देखा था, अब उसे प्रत्यक्ष देख रहे थे। अभी भी देशकी कठिनाइयाँ और दरिद्रता हटी नहीं है, लेकिन अंग्रेज राहु तो यहाँसे चले गये। पिता—गोस्वामी रामजनम गिरी, माता—श्रीमती परमेश्वरी देवी, जन्मदिन—१ फरवरी, १९०२।

पं० ऋषिदेव ओझा

ओझाजी खलीफा थे। खलीफा उधर पहलवानको कहते हैं। कान टूटा रहना पहलवानका चिन्ह है। ओझाजी के दोनों कान टूटे हुये हैं। उनका कद मझोला था और शरीर ऐसा था, जिसे देखकर कोई उनके पहलवान होनेका गुमान नहीं कर सकता। १९२१ और उसके बाद जब ओझाजी से मेरा सम्पर्क हुआ, वह प्रौढ़ावस्थामें पहुँच चुके थे। ४०-४५ वर्षके रहे होंगे। हो सकता है, उससे दस वर्ष पहले उनका शरीर अधिक तगड़ा रहा हो। पर, पं० ऋषिदेव ओझाको अपने एकमात्र जवान पुत्रके मरनेका शोक सहना पड़ा। तरुण पुत्रवधूको देख-देखकर वर्षों बीतनेके बाद भी वह अपने बेटेके वियोगको भूल नहीं सके। जब मैं उनको देखता, तो उनके भीतर सुलगती आगको देखकर उद्विग्न हो उठता। बाहरसे वह अपने शोकको कभी नहीं प्रकट करते थे।

पं० ऋषिदेव जीका गाँव हूसेपुर एकमासे बहुत दूर नहीं है, मील-सवा मील होगा और परसाका तो वह सटा हुआ गाँव है। ओझाजी चौड़ी बाँहका कुर्ता पहनते थे। मेरी उस समय धारणा थी कि खलीफा के लिये ऐसा कुर्ता जरूरी है। उनकी मूँछ काफी रोबीली थी। खड़ी करके नहीं रखते लेकिन वह गिरी भी नहीं होती थी। अपने घरमें रहते लकिन उनका एक पैर एकमाके स्वराज्य आश्रममें रहता था।

ओझाजी अधिक पढ़े-लिखे नहीं थे। यही समझिये दस्तखत कर लेते और रामायण पढ़ लेते थे। भोजपुरी-विशेषकर पूर्वी भोजपुरी-क्षेत्र के लोग हिन्दी बोलने के फेर में नहीं रहते, वह अपनी ही बोली बोलते हैं। लेकिन, जहाँ तक स्मृति बतलाती है, वह अपनी भोजपुरी में हिन्दी की पुट भी डाल लेते थे। हिन्दी को वहाँ उर्दू-फारसी कहा जाता था। शायद ओझाजी के ऐसा करनेका कारण उनका रेवतीसे सम्बन्ध था। म

जाने ननिहाल या क्या सम्बन्ध उनका रेवतीमें था। रेवती सरयूपार बलिया या गाजीपुर जिलेमें एक बहुत बड़ा गाँव है। शायद अखाड़िया भी वह वहीं हुये। अपने गाँवके श्री भुवनेश्वर ओझा उनके चेलोंमें से थे, जिनका शरीर उस्तादसे ज्यादा तगड़ा था।

हूसेपुर ओझा ब्राह्मणोंका गाँव है। मामुली खेती-किसानी उनका पेशा है। पासमें परसा बाबू लोगोंका गाँव है। पुराने ढंडमंड महलोंके भीतर अब भी दो-एक महल आबाद थे, जहाँ दरबार लगता था। शामको ४ बजे से दो-तीन घंटेके लिये मुसाहिब आ जाते थे अधिक ऊँचे दर्जेके मुसाहिब तो देवढ़िया या दूसरे उन गाँवोंके लोग ही हो सकते थे, जिनमें कुछ विद्या-बुद्धि अधिक थी। हूसेपुरमें विद्याका कोई प्रचार नहीं था। वहाँके मुसाहिब बाबू लोगोंकी लड़ाईमें लाठी चला सकते थे। भोजपुरियों की लाठी बंगाल तक कीर्ति अर्जित कर चुकी थी। हूसेपुरमें अच्छे लठधर आसानीसे मिल सकते थे। ओझा जी लठधरोंमें नहीं थे। मामूली किसान थे, सतसंगका प्रभाव पड़ा था। यही कारण था कि वह कांग्रेस और असहयोग-आन्दोलनमें काम करते थे। सर्वशक्तिमान् अंग्रेजोंका राज्य हिन्दुस्तानसे चला जायगा, यह जब बड़े-बड़े पढ़े-लिखे वकील-बैरिस्टरोंके नहीं समझमें आता था, तो हूसेपुरके किसानके लिये उसका समझना तो टेढ़ी खीर था, इसे कहनेकी आवश्यकता नहीं। पर, जहाँ बुद्धि न काम देती हो, वहाँ श्रद्धा बहुत सहायक होती थी। ओझा जी की अपार श्रद्धा थी। वह समझते थे, अंग्रेज जरूर हमारे देशसे जायँगे और हमारा अपना राज्य होगा। वह जोशमें आकर कभी-कभी अंग्रेजोंको दो चार गाली भी दे देते थे। हम उनको अपने थाने (एकमा) का एक नेता मानते थे। न जाने क्यों मेरा आकर्षण उनकी ओर बहुत ज्यादा था। हो सकता है, इसका कारण उनका भोला-भाला स्वभाव, उनकी अटूट श्रद्धा हो। उनका पारिवारिक दुखमय जीवन और भी अधिक करुण मालूम होता था।

एक ऐसा भी समय आया, जब अपने पुराने सम्बन्धके कारण ओझा जी ने परसाके एक बाबू के पक्षमें होकर परसामें ही मेरे लिये कुछ

अप्रिय शब्द कहे। बाबू हमारे कांग्रेसी जिला-बोर्डके उम्मीदवार श्री लक्ष्मी नारायण सिंहके खिलाफ खड़े हुये थे। मैं कांग्रेसकी ओरसे प्रचार कर रहा था। ओझाजी सीधे-सादे आदमी तो थे ही। वह अंग्रेजों के दुश्मन थे, लेकिन बाबू अंग्रेज नहीं थे, वह तो खानदानी सरपरस्त थे। जैसे भी हो, वह भटक गये। उस दिन जो शब्द उनके मुँहसे निकले, उसके कारण मुझे बहुत क्षोभ हुआ। लेकिन, उसके कारण ओझाजीके प्रति मेरे भावों में जरा भी परिवर्तन नहीं हुआ। मैंने सोचा, जब तक जमींदारी प्रथा है, तब तक ऐसा होता ही रहेगा। शायद १६२६ या १६२७ की बात है। उसी दिन मैंने प्रतिज्ञा की कि जबतक जमींदारी-प्रथा रहेगी, तबतक मैं परसामें नहीं आऊँगा। यह प्रतिज्ञा बिल्कुल चुपचापकी गई थी और कभी परसा चलनेकी बात पर ही किसी-किसीको इसका पता लगा। लेकिन वर्षों न जानेसे इसका बहुत प्रचार हो गया। जमींदारी उठनेके बाद परसाके बन्धुओंका आग्रह हुआ, तीस वर्ष बाद इस साल मैं वहाँ गया।

उस दिन परसामें ओझाजी को देखकर मुझे अपार आनन्द होता। लेकिन वह तो वर्षों पहले दिन रात दिलमें जलनेवाली भट्ठीसे मुक्त होकर चले गये थे। जिस दिनकी वह इतनी लालसासे प्रतीक्षा कर रहे थे, वह दिन आया। उनके अपार घृणाके पात्र अंग्रेज देशको छोड़कर चले गये। लेकिन उन्होंने इसे अपनी आँखों नहीं देखा। पं० ऋषिदेव ओझा जैसे हमारे देशके लाखों किसान-पुत्रों और गरीबोंने चुपचाप अपने जीवनकी आहुति स्वतन्त्रता-यज्ञमें दी।

बाबू वासुदेव सिंह

दुनियामें हर देश और हर कालमें उच्च आदर्शों के लिये अपने नवयौवनका उपहार चढ़ानेवाले तरुण सदासे रहे हैं। भारतकी स्वतन्त्रताके लिये वही दीवाने बने। गाँधीजीने जब देशको असहयोगके लिये पुकार की, तो सबसे बड़ी संख्यामें वही आगे आये। उन्होंने अपने स्कूलों और कालेजों को छोड़ा, नौकरियोंको लात मारा, भविष्यकी कोई पर्वाह नहीं की। १९२१ ई० में स्वराज्य प्राप्त करना बहुत दूरका सपना था। तेजबहादुर सप्रू और दूसरे अपनेको दिमागमें लासानी समझनेवाले इसको कोरा पागलपन समझते थे। विधिकी विडम्बना देखिये कि कुर्बानियाँ करनेवाले भुला दिये गये, लेकिन सप्रूको आधुनिक भारतका चाणक्य मानकर दिल्ली के देवताओंने दिल्ली में लाखों रुपया लगा कर उनका स्मारक सप्रू-भवनके रूपमें खड़ा किया। अंग्रेजोंके इस अनन्य भक्तको क्या यह पारितोषिक मिलना चाहिये था! आज सत्तारूढ़ भले ही मनमानी कर लें, लेकिन इतिहास इसे क्षमा नहीं कर सकता।

वासुदेवने भी बिहारके हजारों विद्यार्थियोंकी तरह हाई स्कूलसे असहयोग किया। अपने गाँव छित्रौलियामें बैठ गये थे, जबकि असहयोगकी पहली बाढ़के दबनेके बाद जुलाई (१९३१ ई०) में मैं एकमा पहुँचा। काम करने वाले तरुणोंकी कमी नहीं थी, लेकिन उन्हें काम नहीं मिल रहा था। दूसरी ओर कामकी भी कमी नहीं थी। थोड़े ही समयमें घर बैठे ऐसे बहुत से तरुण काम पर लग गये, उत्साही तरुणोंमें रहते मुझे बड़ी प्रसन्नता हुई। एकमा थाना को हमने जगा दिया। पड़ोसमें सिसवन थानेमें बाढ़-सहायता की आवश्यकता देखकर मैंने गिरीशको भेजा और उन्होंने बाढ़ पीड़ितोंको ही सहायता नहीं पहुँचाई, बल्कि उस थानेमें भी कांग्रेसका झण्डा फहराया। इसी समय पासवाले रघुनाथपुर थानेकी ओर मेरा ख्याल गया, जहाँ भी बाढ़से क्षति पहुँची थी। उस समय मुझे क्या मालूम था कि इसी थानेके

अमवारीके पीड़ित किसानोंके लिये मुझे सत्याग्रह करना, सिर फुड़ाना पड़ेगा, और कांग्रेस सरकार द्वारा हाथोंमें हथकड़ी पहनाकर जेल भेजा जाऊँगा। हाँ, ऐसे समय (१६३६) जब कि अंग्रेज हमारे देशसे गये नहीं थे। रघुनाथपुर थानेका काम सँभालनेके लिये मैंने तरुण वासुदेवको भेजा।

रघुनाथपुर मेरे लिये अपरिचित नहीं था। मैं वहाँ कई सभायें कर चुका था। देख रहा था, लोगोंमें देशकी आजादीके लिये उत्साह है, पर इस उत्साहको एकत्रित कर शक्तिका रूप देनेवाला कोई नहीं था। रघुनाथपुरमें किसी ऐसे तरुणको न देखकर वासुदेवको भेजा। गाँव-गाँवमें सभायें कीं, कुछमें गया, कहीं-कहीं गिरीश भी गये। गाँवकी कांग्रेस पंचायतें संगठित हुईं। वकालत और मुख्तारी करनेवाले लोग कचहरियोंको छोड़ नहीं सकते थे, आखिर जीविकाका सवाल था। लेकिन, उनमें बहुत कम सप्रू जैसे अंग्रेजोंके गुणानुवाद करनेवाले थे। वह भी यथाशक्ति सहायता करते थे। मुरारपट्टी शिक्षित कायस्थोंका गाँव था। वहाँके कितने ही लोग वकील, मुख्तार और सरकारी नौकर थे। वही थानेका केन्द्र सा बना। वासुदेवसिंहने तीन-चार महीने काम किया। दिसम्बर (१६२१ ई०) में गाँधीजी सत्याग्रह छेड़नेवाले थे। देशमें उसके लिये सभी जगह तैयारी नहीं हुई थी। विहारके भी कितने ही जिले पिछड़े हुये थे, पर छपरा (सारन) जिला अपने साहस और शौर्य के लिये मशहूर था। उसके अपने ही राग कुंवरसिंहने १८५७ ई० के युद्धका नेतृत्व किया था। चम्पारन जिलेने गाँधीजीके नेतृत्वमें अपने यहाँसे निलहे-गोरोंको ऐसा धक्का दिया, कि वह चारोखाने चित्त हो गये, और थोड़े समयमें निलहोंका कहीं पता नहीं था। छपरा भला इस समय कैसे पीछे रह सकता था? लेकिन, यह मैं जरूर कहूँगा कि वहाँ भी हरेक थानेमें जोश नहीं देखा जाता था। खुद छपरा थानेमें दिया तले अन्धेरा था।

हमने तीन थानों एकमा, सिसवन और रघुनाथपुर को तैयार करनेका काम सँभाला था। मैं सारा भारत घूमा हुआ था, अपने तरुण साथियोंसे अधिक तजर्बा रखता था, धार्मिक शास्त्रार्थ और सभायें भी की थीं, तरुणों

को जमाकर एक विद्यालय भी खोलकर साल भर देख चुका था। पर राजनीतिक संगठन और उस क्षेत्रमें काम करनेका मुझे यह पहला अवसर था। मेरे समवयस्क या जेठे साथी मुझसे ज्यादा नहीं जानते थे, इसलिये अपनी सूझ और तरुण मित्रोंकी सलाहसे जो बात ठीक लगती थी, उसीपर चलता और अपने साथियोंको भी चलाता। जनतामें उत्साह पैदा करनेके लिये थाने भरके लोगोंकी बड़ी सभा होनी चाहिये। सारे थानेमें सत्याग्रहके लिये और अंग्रेजोंके अभावमें शान्ति-व्यवस्था कैसे कायम रहे, इसके लिये स्वयंसेवकोंको भर्ती करनी चाहिये। स्वयंसेवक भी ऐसे हों, जिनको देखनेसे ही पता लग जाय कि यह गाँधीजीकी सेनाके सिपाही हैं। सिपाही बनानेमें भी इतना कम खर्च होना चाहिये, कि जिसे हमारी गरीब जनता बर्दाश्त कर सके। सब सोच कर कुर्ता, जाँघिया, गाँधी टोपी, एक झोला और लाठी यही स्वयंसेवकोंकी वर्दी निश्चय की गई। बेलेके रामरजमें रँगाई हो जाती। सब मिलाकर तीन रुपयेसे कम ही खर्च आया। एकमामें चार सौसे ऊपर स्वयंसेवक उस दिन बीस हजारकी माधवपुर सभामें एकत्रित हुये थे। सामन्तोंके गढ़ चैनपुरमें थानाके सेनापति गिरीश तिवारीने भी विशाल सभा में उतने ही स्वयंसेवक एकत्रित कर दिये थे। रघुनाथपुर थाना और भी पिछड़ा हुआ था। उसके लिये मेरे मनमें भी सन्देह था। वासुदेव सिंहको अपने कामके बारेमें परीक्षा देनी थी। सरकारी नौकरों और खैरखाहोंके गाँव मुरारपट्टीके विशाल बागमें सारे थानेकी विशाल सभा हुई। देवता भी उसे देखकर सिहाते थे। मथुरा बाबू जिले से देखनेके लिये आये थे। मैं अपने भाषणमें कभी भावुक नहीं बनता। शायद वक्तृत्व-कला मुझमें नहीं है, या उसको मैं महत्व नहीं देता—समझता हूँ, आदमीके दिमागको अपने हाथमें करना चाहिये, हृदयको अपने हाथमें करना स्थायी नहीं होता। इसीलिये मेरा व्याख्यान भी समझावन होता है। लेकिन उस दिन मुरारपट्टीकी सभाको देखकर मैं भी बह गया। चार सौके करीब वर्दीधारी स्वयंसेवक पाँतीसे खड़े थे—उन्हें कवायद-परेड सिखानेका मौका नहीं मिला था। गाँव के किसानोंके लड़के खड़े कर दिये गये। सभामें दस-पंद्रह हजार लोग जम

हुये थे। मेरा वही आदिम और अन्तिम भाषण था, जिसमें जरूर वक्तृत्व-कला था। मैं वक्ता नहीं बल्कि अभिनेता हो गया था—"हमारी जन्मभूमि फिरंगियों के बूटोंके नीचे पड़ी कराह रही है, सारी भूमि खूनसे लथपथ है। क्या यहाँ एक अंगुल भी जमीन है, जिसपर मृगछाला बिछाकर कोई योग-ध्यान करे?" मैं अपने सिद्धान्तके अनुसार छपरामें वहाँकी बोली (भोजपुरी) में ही सदा बोलता था, जिसके कारण भाषणका एक भी शब्द लोगोंके कान और दिमागसे बाहर नहीं जाता था। उस दिनकी इस सभा और अपने स्वयंसेवकोंके संगठन द्वारा वासुदेवने बतला दिया कि उनमें संगठन और नेतृत्वकी शक्ति है, देश भी उसके लिये तैयार था, नहीं तो बड़े-बड़े संगठन और नेताकी आवाज भी अरण्य-रोदन होती।

रघुनाथपुर थानेमें उसके बाद न जाने कितने समय तक वासुदेव काम करते रहे। मैं पहले छः महीने और फिर कुछ समय बाद दो सालके लिये जेल चला गया। देशमें चारो ओर राजनीतिक शिथिलता छा गई। इससे लाभ उठा कर अंग्रेजोंने साम्प्रदायिक झगड़े खड़े करवा दिये। हिन्दू महावीरी झण्डा निकालने लगे, मुसलमान उसपर पत्थर फेंकने लगे। यत्र-तत्र खूनखराबियाँ हुईं।

बाबू वासुदेव सिंह अपने गाँव चले आये, जो एकमाके नजदीक था। ३५ वर्ष बाद उस दिन (१९५६ ई० के आरम्भ) मैंने उन्हें देखा। बाल बिल्कुल सफेद थे, बूढ़े हो गये थे। आजकी पीढ़ीको क्या मालूम कि उन्होंने अपने तरुणाई के सुन्दर दिनों और सपनोंको उस कामके लिये अर्पित किया जिसका फल आजका स्वतन्त्र भारत है।

पंडित भरत मिश्र

यदि किसी पुरुष के लिये विचित्र, अद्भुत कहा जा सकता है, तो भरत पण्डित उसके लिये सबसे पहले सामने आयेंगे। भरत पण्डित काव्यतीर्थ और संस्कृतके पण्डित होकर छपराके एक अच्छे स्कूलमें संस्कृत पढ़ा रहे थे। अपने नगर और जातिभाई तथा महान् नास्तिक महामहोपाध्याय पं० रामावतार शर्माके अन्तेवासी होनेसे उनके विचारोंकी कुछ छींटें उनपर पड़ी थीं, हाँ, जामेपर ही, शरीरके बाहर या भीतर नहीं, क्योंकि उनका पुरोहितोंका कुल था। पुरोहिताई जीविकाका साधन थी। इसीके कारण उनके पिता लक्ष्मी पंडितका मान था। मेरा उनसे परिचय असहयोगसे चार साल पहले (१६१७ ई०) से था। स्कूलकी नौकरी करते थे, पर जब-तब विद्या-प्रचार, धर्म-प्रचार या और किसी बातको लेकर जिलेके मुख्य स्थानोंमें भी जाया करते थे। परसामें आनेपर उन्होंने महन्तजीको संस्कृत पाठशाला स्थापित करनेकी प्रेरणा दी। शायद उसीके फलस्वरूप वह स्थापित भी हुई। मैं महन्तजीके आग्रहपूर्ण पत्रको पाकर मठकी जमींदारी सँभालनेके लिये जाड़ोंमें आया था। संयोगसे भरतजीसे मुलाकात हो गई। उस साल कई परीक्षाओंमें बैठनेका मैंने निश्चय किया था। भरतजीकी सलाह हुई कि बिहारकी "शांख्य-मध्यमा" में भी बैठ जाऊँ, मैंने फार्म भी भर दिया। यह पास होने लायक परीक्षा थी, क्योंकि याद करना कम और समझना ज्यादा हो, तो प्रश्नोंका अच्छी तरह उत्तर दे सकता था। पर, दो परीक्षायें एक ही तिथियोंमें पड़ी, इसलिये इसे छोड़ देना पड़ा। उस समय भरतजीसे बात-चीत हुई थी, उसके कारण वह मेरी विद्याका परिचय रखते थे।

सुदूर दक्षिणसे राजनीतिक आन्दोलनमें भाग लेने के लिये १६२१ ई० में जब मैं पहले-पहल छपरा पहुँचा, तो मथुरा बाबू और दूसरों ने भी मेरी ओर कोई ध्यान नहीं दिया। उन्होंने यह तो देखा होगा कि मेरी भाषा

असाधारण थी। पर उसका कोई प्रभाव नहीं पड़ा। पर भरतजी मुझसे परिचित थे। असहयोगमें उन्होंने स्कूलकी नौकरी छोड़ दी थी, और अब जिलेके एक प्रमुख कांग्रेसी नेता थे। एकमा थानामें काम करते शायद अभी पूरा महीना नहीं हुआ था, इसी समय एक गाँवकी सभामें वह भी आये। वर्षाके कारण लोग कम ही जमा हुये थे। भरतजीने मुझे देखा, तो कहा—"आपको थानेमें नहीं, जिलेमें काम करना चाहिये।" मैं समझता था कि धरतीके साथ अभिन्न सम्बन्ध गाँवोंकी मिट्टीके द्वारा ही जोड़ा जा सकता है; इसलिये मै आकाशबेलि की तरह का जिलेका नेता बननेके लिये तैयार नहीं था। भरतजीने एक खास सभाका जिक्र करके बतलाया, कमसे कम उसमें आप जरूर चलें। मैंने आनाकानी नहीं की और उनके साथ छपरा चला गया। छपरामें शराबकी भट्टीपर धरना दिया जा रहा था। मैं भी एक भट्टीपर जा खड़ा हुआ। एक शराबी धक्का देते भीतर चला गया। उसके बाद ही जोरकी वर्षामें भट्टीके मकानकी पुरानी दीवाल गिर गई। लोगोंमें शोर हुआ साधुको अपमानित करके भट्टीमें जानेका यह फल हुआ। जनमानस झूठी हो या सच्ची, ऐसी कथाओंको गढ़नेके लिये सदा तत्पर रहता है और उससे तत्कालीन लाभ भी होता है, इसमें सन्देह नहीं।

कितने ही और कांग्रेसी नेताओंकी तरह भरतजी भी प्रोग्राम तोड़नेमें बड़े उत्साही थे। सभाके लिये आनेका वचन देकर भी नहीं पहुँचते थे। लोग जमा होते, स्थानीय कार्यकर्त्ता कोई बहाना कर देते थे। मैं इसे अक्षम्य अपराध समझता था। सिर्फ अपने ख्यालसे सैकड़ों आदमियोंको इकट्ठा करवाकर उन्हें निराश करना पाप था। मुझे याद नहीं, कभी मैंने ऐसी हरकत की हो। भरतजीने सोनपुर की सभामें जानेका वचन दिया था। उन्हें स्वयं वहाँ जाना नहीं था। इधर-उधरकी बातें करके कहा—"आप चले जाइये।" मुझे अभी उनके भगेलूपनका पता नहीं था। मैं सोनपुर गया। सभा क्या कुछ लोगोंकी मण्डली जमा हुई थी। मैं बोला। अगले दिन मुख्य सभा होनेवाली थी। लेकिन उस दिन सबेरे ८-९ बजे ही पता लगा कि छपरा की ओर प्रलयकारिणी बाढ़ आ गई है, छपरा शहर भी डूबने

ही वाला है। यह सभा करनेका नहीं, बल्कि बाढ़-पीड़ितोंकी सेवा करनेका समय था। मैं तुरन्त मिलनेवाली गाड़ीसे छपरा चला गया। उसके बाद बाढ़-पीड़ितोंकी सेवामें ही डेढ़-दो महीने बीते।

इसके बाद तो मैं जिलेमें भी स्थायी तौरसे कांग्रेसका काम करने लगा। भरतजी भी साथ रहते। हाँ, कांग्रेसमें बराबर साथ रहना उनके लिये जरूरी नहीं था। कभी कांग्रेसके भीतर रहते, कभी उसके बाहर जाते। कभी उसके काममें सहायता करते, और कभी विरोध भी। सब होते हुयेभी कांग्रेसियोंके प्रति उनके स्नेहमें कभी अन्तर नहीं पड़ा, और न देशकी स्वतंत्रताकी भावनासे उनका मन विमुख हुआ।

भरतजीके स्वभावको देखकर "मगन रहु चोला" की बात याद आती थी। मेरा उनके साथ सम्बन्ध केवल राजनीतिक ही नहीं था। संस्कृत भी हम दोनोंको एक दूसरेके नजदीक बनाये हुई थी। आन्दोलनके ठण्डे हो जानेपर भी न जाने कितनी बार मैं उनके घरमें जाकर घरके व्यक्तियोंकी तरह भोजन करता था। एक दिनकी बात याद है। भरतजीने काफी पुस्तकें जमा कर ली थीं, जिनमें सबसे अधिक संस्कृतकी थीं, इसे कहनेकी आवश्यकता नहीं। किताबें खुले रैकमें नीचे-ऊपर तीन-चार पंक्तियोंमें रक्खी थीं। भरतजी मनुष्य की सफलता की कुंजी "ज्ञानं बलं धनं" बतलाया करते थे। "ज्ञानं बलं धनं" पर वह बड़े जोशके साथ लेक्चरसा दे रहे थे। उनका एकमात्र पुत्र वहीं था, जिसकी उमर उस समय सात-आठ वर्षसे ज्यादा नहीं होगी। इसी समय रैक गिरा। संयोग समझिये कि लड़का उसके नीचे नहीं आया। मैंने कहा—आज तो "ज्ञानं बलं धनं" भारी अनर्थ करनेवाला था।

भरतजी पं० रामावतार शर्माके घनिष्ट सम्पर्क में आये थे, यह बतला चुके हैं। शर्माजी भौतिकवादी थे, वह किसी आत्मा या भगवान्पर विश्वास नहीं रखते थे और न हिन्दू-धर्मकी मान्यताओंके लिये उनके हृदयमें कोई आदर था। लेक्चर देते मैंने नहीं सुना किन्तु बातचीतमें ऐसी जोरदार भाषामें खण्डन करते कि आदमी प्रभावित हुये बिना न रहता। भरतजी स्वयं पुरोहित और पुरोहित-कुलके थे। कथा-पूजा भी करा आते थे, किन्तु अपनेको

शर्माजीका शिष्य मानते थे। यजमानोंको इससे कोई लेना-देना नहीं था, कि उनके पुरोहित बाबा जिस स्वर्ग में उन्हें भेजना चाहते हैं, उसपर विश्वास करते हैं या नहीं। भरतजीने "सोहं" को धीरे-धीरे अपना मन्त्र बना लिया। प्रणामकी जगह भी "सोह" करते, तकिया-कलामके तौरपर भी "सोहं"। उपनिषद् और वेदान्तमें "सोहं" का अर्थ है मैं वह हूँ। वह से मतलब ब्रह्म है। इस प्रकार यह शंकरके अद्वैत वेदान्तका मूल आधार "ब्रह्मवाक्य" बन गया है। लेकिन, भरतजीका सो (वह) से मतलब था शर्माजीका सो (अर्थात् भौतिक तत्व)। धीरे-धीरे इसका सम्बन्ध उनके साथ इतना जुड़ गया, कि लोग उन्हें सोह स्वामी कहने लगे। भरतजीने भी अपने सिरके नहीं भौंहोंके भी बालोंको सफेद करा सोहं स्वामी बनना स्वीकार किया।

वह अपने धुनके आदमी थे और कोई-कोई धुन तो जीवनके साथ चिपक जाती है। छपरासे अलग कहीं उन्हें जाना रहता नहीं था, इसलिये धुन चिरकालव्यापी साधनाका रूप ले, तो कोई अचरज नहीं। उनके शिष्य छपराके कपिलदेव पण्डितको धुन सवार हुई, कि संस्कृतको मातृभाषा बनाना चाहिये। फिर क्या उनके घरसे मातृभाषा भोजपुरी और राष्ट्रभाषा हिन्दी बहिष्कृत हो गई। स्त्रियाँ भी नौकरानीसे "काष्टं आनय", "पानीयं देहि" कहने लगीं। घरमें नये आनेवाले मुँह बचपनसे ही उसी भाषाको सुनने लगे, और आज चौथाई शताब्दीके बाद कपिलदेव पण्डितका घर संस्कृत-भाषी हो गया। उन्होंने अपनी मान्यताके अनुसार हिन्दू-धर्म और संस्कृतिकी घुट्टी सबको पिलाई। लेकिन, मनुष्यका बच्चा कुम्हारकी मिट्टीका लोंदा नहीं, कि उसे जैसा चाहे वैसा गढ़ कर बना दिया जाय। इसीलिये यदि अगली पीढ़ी बापसे बागी हो, तो कोई अचरज नहीं। मेरे परम आधुनिक और उनके परम प्राचीन विचारोंमें संघर्ष होना स्वाभाविक था। पर, मुझे याद नहीं, कि कभी इसके कारण मेरे हृदयमें उनके प्रति दुर्भाव पैदा हुआ हो, और मेरे प्रति उनका। मैं उनकी लगनका बहुत सम्मान करता। वह बिल्कुल प्राचीनपंथी भी नहीं थे। अपने घरमें उन्होंने सबको भंगीका काम सिखलाया था, कोई उनके प्रति घृणा व्यक्त नहीं कर सकता था।

चेला चीनी हो जाय, तो गुरु गुड़ रहनेके लिये कैसे तैयार हो सकता था ? भरतजीने सोहं विद्यालय खोला, जिसमें दस-बारह वर्ष तकके लड़के-लड़कियाँ पढ़ते। विद्यालयमें संस्कृत पढ़ाई जाती, और संस्कृतके माध्यमसे। छः वर्षसे दस-बारह वर्षकी उमर तक जो लड़के-लड़कियाँ सोहं विद्यालयमें पढ़ जाते, उनकी संस्कृत इतनी मजबूत हो जाती, कि यूनिवर्सिटी तककी संस्कृतके लिये उन्हें चिन्ता करनेकी जरूरत न होती। किसीभी जातिके आदमी अपने लड़कोंको सोहं विद्यालयमें भेज सकते थे, लोग खुशीसे भेजते रहे। विद्यालयका अपना छोटासा मकान भी खड़ा हो गया। भरतजी उसे बहुत बड़े पैमानेपर नहीं ले जाना चाहते थे, इसलिये बच्चोंकी संख्याके अनुसार मकान और प्रबन्ध पर्याप्त हो गया।

भरतजीके धार्मिक विचार किस तरहके होंगे, इसका दिग्दर्शन ऊपरसे हो गया होगा। वह छपरामे हिन्दू-सभाके भी कभी उग्र नेता रहे, पुरोहित तो थे ही। राजेन्द्र बाबू छपरा शहरके नहीं, बल्कि वहाँसे दूर जीरादेई गाँवके रहनेवाले हैं। पढ़ाई समाप्त कर वकालत उन्होंने पटनामें शुरू की थी, और कुछ ही साल बाद गांधीकी आँधीमें उसे छोड़ कर फकीर बन गये। इसके बाद सारे बिहारके नेता होनेके कारण उन्हें पटनामें ही रहना पड़ता। लेकिन, उनके बड़े भाई बाबू महेन्द्रप्रसाद छपरामें ही रहते। बिहार बैंकके मैनेजर बनकर उन्होंने उसकी नींव दृढ़ की। बाहर जानेका प्रलोभन आया, किन्तु छपराने उन्हें जाने नहीं दिया। छपराके स्थायी नागरिक होनेसे महेन्द्र बाबू भी लक्ष्मी पण्डित और भरत पण्डितकी यजमानी में आगये। आज भी सालमें एक-दो बार इस नाते भरतजी राष्ट्रपति-भवनमें आ जाते हैं।

असहयोगके समय उन्होंने छपराको जगानेका बहुत काम किया था। चाहे उस समय भी वह अपने प्रोग्रामोंको तोड़ते हों, लेकिन जिलेमें खूब घूमे थे। उस समयकी उनकी सेवायें आजकी पीढ़ी नहीं जानती, पर वह उन लाखों ईंटोंमें एक थी, जिनके ऊपर आज स्वतन्त्र भारतकी इमारत खड़ी है।

बाबू महेन्द्रप्रसाद

"बाबा, अपनी कठिनाइयोंके कारण मैं आन्दोलनमें शामिल नहीं हो हा हूँ, इसका मुझे बहुत अफसोस है। पर, पैसे-कौड़ीकी ओरसे निश्चिन्त हिये, जो जरूरत हो, मुझसे कहिये।" यह भाव महेन्द्र बाबूने १६३१ की नवरीमें मेरे सामने व्यक्त किये थे। सत्याग्रहका आन्दोलन जोरोंपर था, गोगोंने जेलोंको भर दिया था। नशेकी दूकानें और विलायती कपड़ेकी ाकीपर धरना पड़ रहा था। तजर्बे ने यह बतला दिया था, कि जेल जाने ालोंसे भी उनका काम अधिक महत्त्वपूर्ण है, जो पीछे रहकर आन्दोलनको ारी रखते हैं। मैं उस समय ऐसा ही गुप्त सूत्रधार था। स्वयंसेवकोंके खाने-ीनेका प्रबन्ध करना पड़ता था, जिसके लिये पैसोंकी जरूरत थी, और उसी े लिये महेन्द्र बाबू उस दिन कह रहे थे।

असहयोग और उसके बादके वर्षों में मैं बराबर छपरामें एक राजनीतिक ार्यकर्त्ताके तौरपर जब काम करता था, उस समय ही महेन्द्र बाबूसे घनिष्ट म्बन्ध हो गया। उनके अनुज राजेन्द्र बाबू तो कभी ही कभी छपरा आते।

पहले-पहल उनके साथ जिस तरह मैं पेश आया, वह कोई प्रिय घटना ाहीं थी। कितने ही समय तक काम करनेके बाद छः महीने जेल जा मैं ९२२ के किसी महीनेमें बाहर आया। इस समय तक छपरा जिलेसे मैं रिचित हो चुका था। वहाँके नेताओं और बड़े कार्यकर्त्ताओंमें कामके ारेमें मतभेद हो गया। तरुण समझते थे, बड़े काम नहीं करना चाहते, प्रौर नेतृत्वको अपने हाथमें रखना चाहते हैं। महेन्द्र बाबू छपराके व्यापारी प्रौर ऊपरी वर्ग पर बहुत प्रभाव रखते थे। अँग्रेज भी उन्हें अपने हाथमें करनेके लिये "राय साहब" बना चुके थे। पर, देशभक्तिकी आग उनके प्रनुजके ही हृदयमें नहीं जल रही थी, भैया भी उससे प्रभावित थे। उन्होंने प्रनुजकी तरह फकीर न बन कर बहुत भारी त्याग किया था, इसे वही जानेंगे,

जो उन्हें नजदीकसे देखते थे। एक प्रतिष्ठित परिवारके चलानेका भार उनके ऊपर था, और बाबू (राजेन्द्र बाबू) अपनी तपस्यामें निश्चल रहें, इसके लिये उन्हें घरकी चिन्तासे मुक्त करना था। इसीलिये महेन्द्र बाबू बराबर बिहार-बैंकके "मनेजर साहब" बने रहे, और कभी निश्चिन्तताका दिन नहीं देखा।

लेकिन, जिस अप्रिय घटनाकी मैं बात कह रहा हूँ, वह हमारे सम्बन्धके आरंभिक दिनोंकी है। शायद थावेमें जिला कांग्रेस कमेटीकी एक महत्वपूर्ण बैठक हो रही थी, पदाधिकारियोंका चुनाव होना था। दिलमें जमा हुये मवाद ऐसे ही समय निकला करते हैं। महेन्द्र बाबू उस समय जिलाके कांग्रेस संगठनके एक मुख्य स्तम्भ थे। पर, जिसके लिये तरुण मण्डली रूट थी, वह उनके कारण नहीं। वह अपनी पीढ़ीके दूसरे वकीलों और नेताओंको साथ रखनेके पक्षपाती थे। तरुण दल उनसे कोई आशा नहीं रखता था, इसलिये उनके हाथमें संगठनको नहीं देना चाहता था। तरुण दलका मुखिया मैं था। महेन्द्र बाबू को उस दिन विफल होना पड़ा था। लेकिन, मुझे खयाल नहीं, यह घटना कभी भी हम दोनोंके हृदयमें बैठी।

जैसा कि कह चुका हूँ, महेन्द्र बाबू ने घरका भार अपने ऊपर सँभाला था। यद्यपि वह गाँवके रहनेवाले थे। बिहार का उच्च सामन्त वर्ग गाँवमें ही रहता था, इसलिये गाँवके रहनेका यह मतलब नहीं, कि वह ग्राम्य संस्कृति तक ही अपनी पहुँच रखते थे। छपराका सबसे बड़ा सामन्त परिवार—हथुवा राजवंश—गाँवमें रहता था। इसी राजवंशके दीवान (मन्त्री) महेन्द्र और राजेन्द्रके बाप-दादा रहे थे। उनके पास भी दो-चार गाँवोंमें जमींदारी थी। एक व्यक्ति कमाकर परिवारके सब खर्चको कैसे चला सकता था? जमींदारीमेंसे कुछको बेचना पड़ा था। सारी कठिंनाइयोंमें रहते हुये भी महेन्द्र बाबूने उसका ख्याल कभी नहीं किया।

राम-लक्ष्मण जैसे भाइयोंकी कथा हमने इतिहास पुराणोंमें पढ़ी, लेकिन यहाँ महेन्द्र और राजेन्द्रके रूपमें दो वैसे ही भाई हमारे सामने मौजूद थे। महेन्द्र बाबू घरेलू चिन्ताके रहते भी अपने अनुजके कामोंका अभिमान करते

थे। यह वह समय नहीं था, जबकि आशा की जाती थी, कि भारत हमारी पीढ़ीमें स्वतन्त्र होगा, और महेन्द्रके "बाबू" भारतके प्रथम राष्ट्रपति होंगे। ज्यादासे ज्यादा यही सोच सकते थे, कि भारत जरूर किसी समय आजाद होगा। बीचमें कांग्रेसने प्रान्तोंमें कभी-कभी राज्य किया था। राजेन्द्र बाबू मन्त्री-निर्माता थे, लेकिन मन्त्री नहीं बने। राजेन्द्र बाबू भी अपने बड़े भाईका वैसा ही सम्मान करते थे, वैसा ही उनके प्रति उनका स्नेह था, और उनके इकलौते पुत्र जनार्दनको अपने दोनों पुत्रों—मृत्युंजय और धनंजय—से भी ज्यादा प्यार करते थे।

राजनीति छोड़कर मैं घुमक्कड़ी और विद्या अनुसंधान के क्षेत्रमें प्रविष्ट हो गया। रहता भी ज्यादा देशसे बाहर-बाहर था। पर, अक्सर हर जाड़े में छपरा जाता, और वहाँ जानेपर महेन्द्र बाबूके यहाँ न जाता, या उनके यहाँ एक बार भोजन न करता, तो वह अप्रसन्न होते। एक बार मेरे साथ सुदूर उत्तर साइबेरियाके एक मंगोल विद्वान् भारत आये। वह छपरा भी गये। उन्होंने सिनेमा नहीं देखा था। भोजन करनेके बाद महेन्द्र बाबूने कहा—"मैं इनको ले जाऊँगा।" मैं किसी कारणसे नहीं जा सका। मेरे न जानेपर मेरे मित्रको फिल्मकी कथा सुननेका मौका कहाँसे मिलता? वह बातचीतके एक अक्षरको भी न समझ रजतपट पर दौड़ती तस्वीरोंको देखते रहे। महेन्द्र बाबू उनके बारेमें बहुत सी बातें पूछते रहे।

अन्तिम बार उनका दर्शन सजलनयन और गद्‌गद् स्वरके साथ उस दिनका हुआ, जिस दिनके उनके उद्‌गारोंका उल्लेख मैंने पहली पंक्तियोंमें किया है। राजेन्द्र बाबूकी सेवायें देशने जाना, और उनके हाथमें सबसे बड़ा जो सम्मान हो सकता था, उसे भी उसने प्रदान किया। किन्तु, उनके बड़े भैयाने जो सेवा चुपचाप की थी, उसे कौन जानता है? उनकी ये सेवायें राजेन्द्र बाबूको आगे बढ़ानेमें सहायक हुईं, इसमें कोई सन्देह नहीं।

बाबू रुद्रनारायण

मैंने यद्यपि राजनीतिक कार्यक्षेत्रमें प्रवेश करते हुये अपने थाने (एकमा) के गाँवोंको पकड़ा था, लेकिन बहुत समय नहीं बीता, कि थाने के बाहर भी ध्यान देनेकी जरूरत पड़ी। ऐसा समय आ गया, जबकि काजीजी सारे जिलेके अंदेशे दुबले होने लगे। अपने भीतर अदम्य उत्साह और साहस छिपाये छपराकी जनता मौजूद थी। उसकी शक्तिका उपयोग करना था। १६२२ ई० के मध्यमें जेलसे छूटनेके बादमैं सारे जिलेमें घूमा। उस समय जिलेके सबसे उत्तरी भाग—कुवाड़ी परगना—ने विशेष तौरसे मुझे आकृष्ट किया। यहाँके हथुआ, (मीरगंज), भोरे, कटया, कुचायकोटके थाने हथुआ-राज की जमींदारीमे थे, जिसकी सालाना आमदनी २५ लाखके करीब थी। अँग्रेजोंकी गवर्न्मेंन्टके भीतर राज्यकी अपनी गवर्न्मेंन्ट चलती थी। राज्यके अफसर किसानोंके साथ मनमानी करते थे। मैं इससे पाँच वर्ष पहले ही साम्यवादी विचारोंका हो गया था, मेरे लिये देशकी आजादीका मतलब था, किसान-मजूर राज्य। कुवाड़ीके सारे परगनेपर एक जमींदारका अखण्ड शोषण मुझे अपनी ओर खींचनेमें सफल हुआ। असहयोगकी पहली बाढ़ कुवाड़ीमें भी आई थी। यहाँ के भी कितनेही तरुण स्कूलोंसे असहयोग करके चले आये थे। लेकिन, अब न कोई कांग्रेसका संगठन था, न कोई संगठक दिखलाई पड़ता था। सभा करनेपर मालूम हो गया, कि आग राखके अन्दर मौजूद है। कुवाड़ीके दो थाने—भोरे और कटया—रेलसे बहुत दूर पड़ते थे, वह दोनों गोरखपुर (अब देवरिया) जिलेकी सीमापर थे। मीरगंज और कुचायकोट रेलकी लाइनपर थे। कुचायकोटमें जानेपर मुझे मालूम हुआ, यदि वहाँ किसी योग्य तरुणको बैठा दिया जाय, तो थाना जग सकता है। घूमते-घामते मैं रेवतिथ गाँवमें पहुँचा। एक काफी बड़े जमींदारका गाँव था, जो अँग्रेजोंसे डरते हुये भी कांग्रेसके विरोधी नहीं थे; यह इसीसे मालूम होगा,

कि उन्होंने मेरा आतिथ्य किया, और सबसे पहले प्रेमचन्दके किसी हिन्दी उपन्यासके पढ़नेका अवसर मुझे उन्हींके यहाँ मिला। रातको दिल बहलानेकी जरूरत पड़ी, गृहपतिने उपन्यास दे दिया था, और मैं उसे उसी रात समाप्त कर गया। यहीं रुद्रनारायणसे भेंट हुई।

रेवतिथकी सभाके प्रबन्ध करनेमें रुद्रनारायणने मुस्तैदी दिखलाई। मुझे मालूम हुआ, वह स्कूलसे असहयोग करके आये हैं। उनके पिता जमींदारके पटवारी थे। यह मालूम होते देर नहीं लगी, कि अपने गाँव या थानेमें काम करनेमें उनको बड़ी अड़चन है। मैंने उनसे कहा—"चलो कुचायकोटमें।" स्वराज्यके लिये जिलेकी किसी जगह भी काम करनेका महत्व कम नहीं था। तरुण रुद्रनारायणने उसे स्वीकार किया, और अपरिचित कुचायकोटमें चले गये।

ईंधन भी मौजूद था, आग भी पासमें धरी थी। दोनोंके सम्बन्ध कराने वालेकी जरूरत थी। रुद्रनारायण उसे कर सकते थे, और उन्होंने किया। उनकी योग्यताका पता लगते देर नहीं लगी। एक विशाल सभा की गई। जिला कांग्रेस कमेटीकी बैठक भी वहीं रक्खी गई। सार्वजनिक सभाके लिये जो जलूस निकला था, उसमें १५-२० हाथी शामिल हुये थे। हथुवाका राजा अपने हाथी नहीं दे सकता था, लेकिन उसकी प्रजामें भी कुछ ऐसे धनी थे, जिनके पास हाथी थे, और ऐसा दिल था, जो अँग्रेजोंसे मुक्ति पाने की कामना करता था। प्रबन्ध करनेके लिये मैं दो-तीन दिन पहलेही पहुँचा। लेकिन, वहाँ बतलानेकी कोई जरूरत नहीं थी। कामने कामको सिखा दिया था, रुद्रनारायणने सारी तैयारी बहुत अच्छी तरह की थी। मैंने तीन-चार दिनको वहाँ बितानेकी जगह घुमक्कड़ीमें बिताना पसन्द किया। कांग्रेसकर्मी मास्टर रुद्रनारायणके साथ मैं नेपाल के भीतर त्रिवेणी तराईके मकर-संक्रान्तिका मेला देखने चला गया। जिस तरह हरद्वारमें गंगा पहाड़से नीचे उतरती है, और उसी कारण उसका पुराना नाम गंगाद्वार था, उसी तरह मध्यदेशकी पाँच प्रधान नदियोंमें एक गण्डक (मही) जहाँ पहाड़से नीचे उतरती है, उसका ही नाम त्रिवेणी है। मेलेमें तराईके मधेसी स्त्री-

पुरुषभी बड़ी संख्यामें आये थे और पहाड़के भील लोग थे। नीचेके दूकानदार अपनी चीजें बेचने लाये थे, और पहाड़ी नारंगी और केले लेकर आये थे। पहलेपहल पहाड़के नेपाली केलेके खानेका मौका मिला, वह असाधारण स्वादिष्ट मालूम हुआ। हमने कुछ फल अपने साथियोंके लिये भी ले लिया। मेलेमें नेपाली टाँघन घोड़े, कम्बल, खुकुरी तथा दूसरी चीजें बिक रही थीं। लौटते वक्त रस्ते में नाव मिल गई और १७ जनवरी १६२२ को हम उसीपर चढ़कर बगहाके पास उतर गये, फिर रेल पकड़कर कुचायकोट पहुँच गये।

साल भर बाद मैं दो सालके लिये जेल चला गया। लौट कर आया, फिर कुचायकोट गया, देखा, रुद्रनारायणने थानेको और आगे बढ़ाया है। लोगोंने उनकी लगन देख अपने थानेसे उन्हें डिस्ट्रिक्ट-बोर्डका मेम्बर चुन कर भेजा था। १६२६ ई० के अन्तके साथ छपरामें मेरे राजनीतिक कार्यका अन्त भी आ गया, और मैं कुचायकोट रुद्रनारायणके काम देखने नहीं गया। पर, वह कितने ही समय तक वहाँ काम करते रहे।

सबसे अन्तिम बार (१६३६ में) उन्हें सिधोलियाके चीनी मिलमें देखा। अब वह प्रौढ़ावस्थामें पहुँच गये थे। घरके नून-तेल-लकड़ीकी फिकर थी, इसलिये मिलकी नौकरी कर ली थी। मैं जिलेकी चीनी मिलोंके मजदूरों की हालत बेहतर बनानेके लिये घूम रहा था। रुद्रनारायणने उस दिन यह परवाह नहीं की, कि उनकी नौकरी रहेगी या जायेगी, और सभाके इन्तजाम में पूरी मदद की।

बाबू रामानन्द सिंह

लम्बा-तगड़ा भोजपुरी शरीर, मुँहपर किसी समय रोब कायम करनेवाली किन्तु प्रशान्त मूँछें तथा बोलने-चालनेमें एक तरहकी सादगी, यह रूप था बाबू रामानन्द सिंहका जिन्हें मैंने १६२२ ई० में बक्सर जेलमें देखा था। और उसी समय उनके शान्त चेहरेपर क्रोधको भी आते देखा। निरसूलाल चम्पारनमें घोड़ासाहनके रहनेवाले एक साधारण देहाती कार्यकर्त्ता थे। उस समय राजनीतिक बंदियोंको जेलवाले खाने-पीनेकी चीजें देते थे, उससे अधिक वह भी अपने घरसे मँगवा सकते थे। निरसूलाल बेचारे साधारण गरीब आदमी थे। वह घरसे कुछ मँगा नहीं सकते थे। जेलसे मिलनेवाली चीजोंमें ही कुछ और पानेकी इच्छा रखते थे। यह स्वाभाविक था। रामानन्द बाबू भण्डारी थे। निरसूलालने कुछ शिकायत करते मर्यादाका भंग किया। पुलिसकी सब-इन्सपेक्टरी छोड़ कर जेल आये दरोगाको गुस्सा आ गया और उन्होंने निरसूके कन्धेपर हाथ डालकर ऐसा झटका दिया, कि वह गेंदकी तरह लुढ़कते दस-बारह हाथ चले गये। मुझे बहुत अफसोस हुआ, लेकिन उस समय रामानन्द बाबू मेरे घनिष्ट परिचित नहीं हुये थे, इसलिये विरोध नहीं प्रकट किया।

फिर रामानन्द बाबूका दूसरा जीवन याद आता है। १६२५ ई० में दो साल जेलमें रह कर आने पर देखा, सारे जिलेमें कांग्रेसका संगठन शिथिल हो गया है। लेकिन, हमें तो हाथपर हाथ रख कर बैठना नहीं, शिथिलताको दूर करना था। कामकी कमी नहीं थी। लोग जमींदारों और पुलिसके अत्याचारसे कराह रहे थे। गोरखपुरकी सीमापर पड़नेवाले भोरे और कटयाके थानोंमें तो पूरा पुलिसका राज्य था। वह चोरों, बदमाशों और अत्याचारियोंकी मित्र थी, और भलेमानुसों और निरीह जनताको लूटना अपना काम समझती थी। १६२५ ई० के जाड़ेसे पहले ही जिला

कांग्रेस कमेटी का चुनाव हुआ। इसीमें बाबू रामानन्द सिंहको हमने मन्त्री बनाया, और डा० महमूदको सभापति। बहुत जोर देनेपर मैंने उप-सभापति होना स्वीकार किया। कांग्रेसकी स्थिति खराब थी। दफ़्तरके मकानका भाड़ा महीनोंसे नहा दिया जा सका था। पर, हम दोनों अपना सारा समय देनेके लिये तैयार थे। किसी भी कार्यको आधे मनसे करना मेरे स्वभावके विरुद्ध है। रामानन्द बाबू मेरा पूरा साथ दे रहे थे, इससे ही उनकी कर्मठताका पता लगेगा। भोरे थानेमें पुलिस ने बहुत जुल्म किया था। कांग्रेसकी ओरसे मैं और रामानन्द बाबू वहाँके लोगोंसे गवाही लेने गये। पुलिसने पैसा ऐंठनेके लिये कोई बात उठा नहीं रक्खी थी। किसीकी हथेली पर खाटका पावा रखकर आदमी बैठाये, किसीको थाने पर बुलाकर पीटा, किसीपर झूठे गवाह तैयार कर मार-पीटके मुकदमें चलाये, किसीको झूठ-मूठ दफा ११० में फँसानेका उद्योग किया। १९२५ ई० की वर्षा (जुलाई-अगस्त) के दिन थे। इसी समय हम दोनों भोरेके गाँवोंकी खाक छान रहे थे। पानी-बूँदीमें एक गाँवसे दूसरे गाँव जाते। कहीं-कहीं जाँघ भर पानीसे गुजरना पड़ता। २७-३१ अगस्तके पाँच दिनोंमें हमने बहुत से हस्ताक्षर और अँगूठेकी निशानीके साथ पुलिसके अत्याचारोंके सम्बन्धमें लोगोंके बयान लिये। पुलिसकी नादिरशाहीसे वे डरते थे, जानते थे, कि सरकार तक उनकी आवाज नहीं पहुँचेगी, लेकिन हमारे ऊपर विश्वास था। इसलिये लोगों ने हिम्मत की। डा० महमूद छपरामें बैरिस्टरी कर रहे थे। अपने खर्च के चलानेके लिये कुछ करना जरूरी था, पर वह कांग्रेसके काममें सम्मिलित रहना भी आवश्यक समझते थे। डा० महमूदने जिला-मैजिस्ट्रेटसे स्वयं बातचीत की, और हमारे तैयार किये हुये बयानोंको भी दे दिया। मैजिस्ट्रेटने जरूर सच्चाईको समझ लिया होगा, और कार्रवाई करनेका वचन भी दिया; लेकिन, अँग्रेज अपनी पुलिसके जुल्म और भ्रष्टाचारको अच्छी तरह जानते थे। उन्हें उसे सुधारनेकी इच्छा नहीं थी, क्योंकि वह पुलिसका मुख्य काम समझते थे हिन्दुस्तानको गुलाम रखनेमें पूरी तौरसे मदद करना।

१९२५-२६ ई० में रामानन्द बाबूने जिलेको फिरसे जगानेमें प्राणपणसे काम किया। न उनको घरकी आर्थिक कठिनाइयोंने रोका और न सरकारी भयने। मलखाचक में उनके घरमें मैं कितनी ही बार गया। दरोगही की कमाई से उन्होंने एक घर भर बना पाया था। अक्खड़ थे, नहीं तो दरोगोंके यहाँ तो सोना बरसा करता था।

बाबू रामानन्द सिंह बी० ए० तक पढ़े थे। फिर सब-इन्सपेक्टरीके लिये चुन लिये गये। दरोगा बन कर कई साल नौकरी की। मजेसे गुजर रही थी, यद्यपि अपने अक्खड़पनके कारण पुलिसकी नौकरीमें रह कर भी घर भरनेमें सफल नहीं हुये। अपनी बातें बतलाते हुये कह रहे थे—"मैं मुरसंड में थानेदार था। वहाँके एक बड़े जमींदारके लड़केने अपने साथी लड़केको पिस्तौलसे मार दिया। बड़ी हाय-तोबा मची। पुलिसको अगर न मिलाया जाता, तो लड़केका जीवन खराब हो जाता। मेरे जिलेके होनेका भी कुछ ख्याल आया। लाश तुरन्त जलवा दी, और मैंने मृत लड़केके बापके पास पहुँच कर कुछ दे-लेकर समझौता करनेके लिये राजी किया।"

उस दिन निरसूलालके ऊपर रामानन्द बाबूके गुस्सा होने और बेचारे दुबले-पतले नौजवानको धक्का देनेकी बातका मेरे ऊपर बड़ा बुरा प्रभाव पड़ा था। लेकिन, जब रात-दिन साथ रहना पड़ा, तो इस हीरेका पता लगा। कितनी तकलीफसे भूखे-प्यासे रह कर ठण्डे पड़े कांग्रेस-संगठनको उन्होंने फिरसे जगाया।

रामानन्द बाबूका परिवार बहुत बड़ा नहीं था। एक लड़का था। लेकिन, जीविकाके साधन नहींके बराबर थे, जिसके कारण उनको बहुत आर्थिक कष्ट था। भारतके स्वतन्त्र होनेपर एक दिन मिले। उनकी एक आँख भी जाती रही। जवानीका भरा-पुरा शरीर अब हड्डियोंका ढाँचा रह गया था। राजनीतिक पीड़ितोंमें सबसे अधिक सहायताके
लेकिन दफ्तरशाह तो किसीकी पुरानी कुर्बानियोंको महत्व देनेके लिये तैयार नहीं थे। मन्त्रियोंकी गद्दीपर बैठकर पुराने सहकर्मियोंकी आँखें भी बदल गई थीं। उन्हें कागज लेकर इस दफ्तरसे उस दफ्तर भेजा जा रहा था।

यह वह आदमी था, जिसने स्वतन्त्रताके लिये अपने भविष्यपर लात मारा था। यदि पुलिसमें रहते, तो इन्सपेक्टर और डिप्टी-सुपरिंटेंडेंट होते, देश-भक्तोंपर लाठियाँ और गोलियाँ बरसाते। स्वतन्त्र भारतके कर्णधारोंकी नाकके बाल होते, जैसे दूसरे पुराने पापी गणिका-गिद्ध-अजामिलकी तरह तार दिये गये, वैसे ही यह भी तर गये होते, और भारी पेन्शन लेकर मूँछपर ताव देते घरपर बैठते। पर, आज उनकी यह अवस्था देखी।

बाबू सभापति सिंह

कहते हैं गर्भ की आरम्भिक अवस्थामें मनुष्यके बच्चे और चूहे-बिल्ली के बच्चेमें कोई अन्तर नहीं होता; पर अगली सीढ़ियाँ उनको अलग-अलग कर देती हैं। दुनियामें आते वक्त शिशु वजन और लम्बाई-चौड़ाई में थोड़ा बहुत अन्तर चाहे रखते हैं, किन्तु भविष्यमें वह क्या होनेवाले हैं, इसका पता नहीं लगता। जब वह अपने योग्य काम ढूँढ़ने लगते हैं, उस वक्त भी यदि रास्ता नहीं मिला, तो उनकी अन्तर्निहित शक्तियाँ भीतर ही सूख जाती हैं। सभापति सिंहकी भी यही बात थी।

माझीमें एक राजपूतके घरमें सभापति का जन्म हुआ। उनके भाई अच्छे खासे पहलवान थे। सभापतिके ढाँचेको देख कर मालूम होता था, कि यदि उनकी उधर प्रवृत्ति हुई होती, तो वह अपने भाई से कम नहीं होते। पर, उन्हें पढ़नेके लिये बैठा दिया गया। छोटे स्कूलसे छपराके अँग्रेजी हाई स्कूलमें गये। १६-१७ वर्षकी उमरमें भी शरीरमें असाधारण ताकत थी, और साहसके तो वह पुतले थे। १६२१ ई० में गांधीजीने असहयोगका बिगुल बजाया और जनता निडर होकर अँग्रेजोंके खिलाफ हिलने-डोलने लगी। लेकिन, इससे पहले देशके अधिकांश भागमें मृत्युकी सी नीरवता छाई हुई थी। बम और पिस्तौलके हाथ हमारे क्रान्तिकारियोंने अवश्य दिखलाये थे। उनकी अद्भुत कुर्बानियोंने अँग्रेजोंके हृदयमें आतंक और हमारे हृदयमें आशाका संचार किया था। पर, उनके कामोंका पता बहुत थोड़े-से आदमियोंको, और देशके थोड़े स्थानोंमें ही था। छपरा सच-मुच ही राजनीतिक तौरसे श्मशानकी तरह नीरव था। लाठीके धनी भोजपुरियोंके ऊपर अँग्रेज अफसर मनमानी करते थे, और सन् सत्तावनके सहमे लोग खूनका घूँट पीकर रह जाते थे।

हाई स्कूलमें पढ़ते सभापतिने "सबसे अधिक जाति अपमाना" को

समझा। छपरामें एक बिगड़े दिमागका अधगोरा पुलिस-इन्सपेक्टर था। गोरोंके सामने अधगोरे चाहे अछूत ही समझे जाते हों, पर कालोंके सामने वह अपनेको शेर समझते थे। यही हालत इस इन्सपेक्टरकी भी थी। सड़क पर चलते यदि शामतका मारा कोई भारतीय उसके सामने आ जाता, तो वह बिना ठोकर लगाये न छोड़ता। अच्छे पढ़े-लिखे भद्र भारतीय भी पिट चुके थे। सभापतिको इसका पता लगा। उनकी नसोंमें जवानीका खून लहरें मारने लगा। कुंवरसिंहकी कथाओंको वह सुन चुके थे। यह गोरा हमारे भाइयोंका इस तरह अपमान करे और हम चुप रहें, धिक्कार है हमारी जवानीको। अब वह गोरेकी सुरागमें पड़े। बरसातका दिन था। दूरसे देखा, गोरा साइकिलपर चढ़ा आ रहा है। फिर क्या था, मुराद पूरी हो गई। नजदीक पहुँचकर वह बीच सड़कसे धीरे-धीरे चलने लगे। गोरेने घण्टी बजाई, लेकिन उसकी क्या पर्वाह थी? नजदीक आनेपर उसने गाली दी। इसी वक्त सभापतिने उसके गलेमें हाथ लगा कर सड़कपर पटक दिया और पीटते-पीटते अधमरा कर साइकिल और उसे दोनोंको पासकी खाईं में फेंक दिया। पानी इतना ज्यादा नहीं था, कि वह मर जाय। सारे छपरामें शोर हो गया। यदि लोग अपनी उमंगोंको खुल कर प्रकट कर सकते, तो सभापति को रथपर बैठा कर जलूस निकालते, फूलकी मालाओंसे ढाँक देते। पर्दानशीन महिलायें राम-लक्ष्मणकी तरह उनकी आरती उतारतीं। पर, वह ऐसा समय नहीं था। सारे नगरवासी चुपचाप अपनी श्रद्धाके फूल उनपर बिखेरते रहे।

पर, सभापतिने बहुत बड़ा जुर्म किया था। उन्होंने एक गोरेको मार डालना चाहा। यदि वह नहीं मरा, तो यह संयोग था। अँग्रेजी कानून और अँग्रेजी अदालत ऐसे आदमी को फाँसीसे कमकी सजा नहीं दे सकती थी। सभापति छपरासे लुप्त हो गये। लेकिन, कितने दिनों तक लुप्त रहते? पुलिस उनके पीछे पड़ी हुई थी। कुछ समय बाद चम्पारनके लोगोंको निलहे-गोरोंसे उद्धार करनेके लिये गांधीजी वहाँ पहुँचे। गोरोंसे तो वह जनताको मुक्ति दिला रहे थे। सभापतिने भी कुछ वैसा ही काम किया था। किसीने सलाह दी, गांधीजीके पास जाओ, शायद वह कुछ कर सकें।

गांधीजीके अहिंसाके सिद्धान्तके विरुद्ध सभापतिने आचरण किया था। मालूम नहीं, उन्होंने तरुणको क्या सलाह दी। पर, सभापति न जेल गये और न फाँसीपर चढ़े। शायद देशमें जो नव-जागरण हुआ, उसके कारण अंग्रेज बदहवास हुये थे, कि अधगोरेकी पिटाईको महत्त्व देना भूल गये।

इस घटनासे पहले या पीछे भी सभापतिने संगठनके क्षेत्रमें भी अपनेको योग्य साबित किया था। सताये हुओंकी सहायता करना और जालिमोंको दण्ड देना उन्होंने अपना कर्त्तव्य माना था। स्कूलमें नाम तो यों ही लिखा हुआ था। गैरहाजिर रहनेपर भी हेडमास्टर उनका नाम काट नहीं सकते थे। सभापति जानते थे, एक चना भाड़ नहीं फोड़ सकता। उन्होंने अपनी उमरके स्कूलके लड़कोंका एक संगठन बनाया, जिसका नाम रपट पार्टी रक्खा। यह विचित्र सा नाम था। पार्टीका अर्थ तो दल ठीक है, पर रपट उसके साथ क्यों जोड़ा? रपट पड़ना फिसलनेको कहा जाता है। शायद इस शब्दका उच्चारण उन्हें ज्यादा पसन्द आया। रपट पार्टी ने एक अच्छा खासा मकान ले लिया। उस समय छपरामें डिग्री कालेज क्या, कोई इन्टर कालेज भी नहीं था। हाई स्कूल कई थे। तगड़े और हिम्मतवाले लड़के रपट पार्टी में दाखिल हुये। पार्टी अपने सैनिकोंके खाने-पीनेका इन्तजाम करती थी। पैसा कहांसे आता था? छपराके धनी लोग सभापतिका सन्देश जानेपर देनेसे इन्कार नहीं कर सकते थे। एकमाके हमारे सहकर्मी हरिहरसिंह भी रपट पार्टी में रहे। घरवाले जानते थे, बेटा छपराके स्कूलमें पढ़ रहा है। लेकिन बेटा वहाँ रपट पार्टी में मार-पीट और दाँवपेंच सीखता था। छपराके सामाजिक जीवनकी गन्दगीको रोकनेमें रपट पार्टी ने काफी काम किया था।

असहयोगका जमाना आया। गोरे-अधगोरेके ठोकरोंका डर नहीं रह गया। लोगोंने जेलको खेल बना दिया था। सभापतिको भी मालूम हो गया, कि अब हमारे कामकी जरूरत नहीं है। जन्मजात निर्भीक नेताको अपने योग्य क्षेत्र नहीं मिला, और न उसकी शक्तिसे काम लिया गया। सभापति

मुझे कभी-कभी मिलते थे। उनके सरल, सौम्य चेहरेको देखकर विश्वास नहीं होता था, कि उसके भीतर ज्वालामुखी धधक रहा है।

१६२२ ई० में कांग्रेसका वार्षिक अधिवेशन गयामें हुआ। सभापति भी जा रहे थे। मैंने उनसे कहा—"लोगोंको खानेकी बहुत तकलीफ होती है, सस्ता और स्वास्थ्यकर भोजन मिलना मुश्किल हो जाता है। तुम एक भोजनालय वहाँ स्थापित करो।" बाबू माधवसिंह वकीलने इस कामके लिये अपने रसोइयेको दे दिया। सभापतिने गया कांग्रेसके समय "सुदामा भोजनालय" खोला। भोजनालय (होटल) पीछे बहुत खुल गये, लेकिन छपराका यह पहला हिन्दू होटल था। गयाकी सफलता देखकर अगले साल सोनपुरके मेलेपर भी सुदामा भोजनालय खुला। सभापतिने पैसेके लिये नहीं, बल्कि लोगोंकी होटलमें खानेसे झिझक उतारने के लिये इसे खोला था।

बाबा झाड़ूदास

यह नाम उनका पीछे पड़ा। पहले हम उन्हें मास्टर महेन्द्रसिंह या मास्टर साहब कहकर जानते थे। सारे असहयोगके जमानेमें वह इसी नामसे प्रसिद्ध रहे। बहुत पीछे गांधीजीके हरिजनोद्धारसे प्रभावित होकर वह मोरियों और सड़कोंपर झाड़ू देने लगे, और नाम झाड़ूदास पड़ गया।

सबसे पहले उनका सम्पर्क बक्सर सेंट्रल जेलमें हुआ था। १६२१-२२ ई० के जाड़ोंमें सत्याग्रहको रोकनेके लिये अँग्रेजोंने जो धर-पकड़ की थी, उसमें मास्टर साहब भी जेल भेज दिये गये। वह बड़े भक्त वैष्णव थे और वैष्णवोंमें भी अयोध्याके सखी-मतके अनुयायी थे, जिनके यहाँ पुरुष रह कर कोई भगवान्‌को नहीं पा सकता, और साधनामें अधिक बढ़े हुये मुछन्दर सखियोंको मासिक-धर्म हुआ करता है। समीपसे देखनेके कारण सखी-मतके प्रति मेरे विचार अच्छे नहीं थे, और यह भी माननेके लिये तैयार हूँ, कि उनके साथ मैं कभी-कभी अन्याय भी कर सकता था। पर, जहाँ तक मास्टर महेन्द्र सिंहका सम्बन्ध था, मैं उनको सखी नहीं, बल्कि हिम्मतवाला वीर पुरुष मानता था। वह जेलमें हाथमें माला लिये अधिकांश समय "सीताराम, सीताराम" जपा करते थे। वहाँ दो-तीन सौको स्वराजियोंकी मंडली थी। उनमें दो-चार कीर्तनियाँ भगत "हरे राम, हरे राम" की लौ लगा अपनेको नक्कू ही बना सकते थे। इसीलिये मास्टर साहब बेचारे अपने वैष्णवपनको उस तरह प्रकट नहीं कर सकते थे। सबेरे स्नान करके सिरमें ऊर्ध्वपुण्ड, बीचकी लालश्रीके नीचे सखीमतका ट्रेड मार्क छोटी सी बिंदी लगाना नहीं भूलते थे।

मास्टर साहब गोपालगंजके हाई स्कूलमें अध्यापक थे, शायद ड्रिल सिखानेका भी काम उनके ही जिम्मे था। गांधीजीका बिगुल बजते ही उन्होंने नौकरी छोड़ दी, और असहयोगके लिये काम करने लगे। वह शिक्षित थे,

शायद मैट्रिक पास थे। लेकिन, तब भी वह अपनी भाषा और वेशभूषामें गाँवके भाइयोंसे अलग नहीं थे। धर्मके लिहाजसे पुराणपंथी होनेपर भी उनमें बहुत उदारता थी। अपनी लड़कियोंको उच्च-शिक्षा दिलानेवाले छपरामें वह पहले व्यक्ति थे। घरके साधारण किसान थे, लेकिन तो भी उन्होंने अपनी लड़कियोंको आगे बढ़ाया। एक एम० ए० हुई और कांग्रेसी एम० एल० ए० भी। धार्मिक अनुदारता और सामाजिक राजनीतिक उदारता का कोई विरोध नहीं है, इसे वह साबित कर रहे थे।

१९२५ या १९२४ ई० में जिला-बोर्डका नया चुनाव हुआ, जिसमें कांग्रेसी भी खड़े हुये थे, मास्टर साहब बोर्ड के मेम्बर चुने गये, और गोपालगंज सब डिवीज़नके पहले गैर सरकारी चेयरमैन बननेका भी सौभाग्य उन्हें प्राप्त हुआ। इससे पहले इस पदपर सदा सब-डिवीज़नका मैजिस्ट्रेट रहता चला आया था। स्कूलों, सड़कों आदिके देखनेके लिये पहलेके चेयरमैनके पास समय कहाँ था! मास्टर साहब अच्छे ड्रिल-मास्टर होनेके साथ-साथ खूब साइकिल चलाते थे। अपने सब-डिवीज़नकी कोई कच्ची-पक्की सड़क नहीं छूटी, जिसपर उनकी साइकिल न दौड़ी हो। पुराने स्कूलोंकी पढ़ाई ठीकसे हो, इसकी वह देखभाल करते, और नये स्कूलोंको खोलनेका प्रयत्न करते थे।

मास्टर साहबकी इस तत्परताका उलटा अर्थ लगा कर विरोधी उन्हें बदनाम करना चाहते थे। वह तो टी० ए० के लिये इतनी दौड़-धूप लगाते हैं। लेकिन, जब वह इतनी दूर तक चक्कर लगाते थे, तो टी० ए० पाना जरूरी हो जाता था। वह टी० ए० के लिये ही घूमते थे, यह कहना गलत था। राष्ट्रीय काम छोड़कर मास्टर साहबको और कोई काम नहीं था। थोड़ा सा खेत था, जिसके लिये बहुत समयकी जरूरत नहीं थी, और घरमें दूसरे भी काम करनेवाले थे। पहले वह कांग्रेसके कामके लिये गाँव गाँव घूमते थे और उनका क्षेत्र अधिकतर गोपालगंज थाना रहता था। अब वह सारे सब-डिवीज़नके लिये चेयरमैन चुने गये थे, और अपने कामको बड़ी तत्परतासे कर रहे थे। यह जानकर तो और भी अफसोस होता था, कि

मास्टर साहबके ऊपर यह आक्षेप वह लोग लगाते थे, जो पैसोंके लिये अँग्रेजोंके हाथमें अपने शरीर और आत्माको बेच चुके थे।

लड़कियोंकी शिक्षामें आगे बढ़नेके साथ उन्होंने स्त्रियोंकी स्थिति सुधारने का काम अपने घरसे शुरू किया था, और अपनी पत्नीको भी आँगनसे बाहर खींच लाये थे। पत्नी बेचारी अनपढ़ गाँवकी स्त्री थी। उसे मास्टर साहबका यह काम पहले बहुत बुरा लगा, पर क्या करे, बेबस थी। कसाई के साथ जैसे गाय चली आये, वैसे ही वह भी मास्टर साहबके पीछे-पीछे चलनेके लिये मजबूर थी। १९२६ ई० में गौहाटी (आसाम) में कांग्रेस हुई। मास्टर साहब अपनी पत्नीके साथ वहाँ आये थे। मैं मुँहसे और हृदयसे भी उनके इन कामोंकी दाद देता था।

छपरामें आदमी ज्यादा और जमीन कम है। इसलिये खेती करनेकी इच्छावाले लोग दरभंगा, पूर्णिया, भागलपुर कहाँ-कहाँ तक जाकर खेती करते हैं। मास्टर साहबने जब सुना, कि आसाममें काफी जमीन परती पड़ी हुई है, तो उन्होंने वहाँ भी अपनी खेती शुरू की। कभी अपने चले जाते, कभी लड़का। अपने उद्योगसे अपनी आर्थिक कठिनाइयोंको दूर करनेका उन्होंने प्रयत्न किया, और उसमें कुछ सफलता भी हुई।

पीछे जब कांग्रेसकी ओरसे चुने जानेवाले लोग एसेम्बली और दूसरी जगहोंमें जाने लगे, तो दूसरे लोग भी खद्दर और गाँधी टोपी पहन कर कांग्रेसी बनने लगे, और अपने पैसे तथा प्रभावके कारण वह कांग्रेसके भीतर घुसनेमें सफल हुये। कांग्रेसके पीछे बाबू महेन्द्र सिंह फकीर हुये थे। उनकी कुर्बानियाँ दूसरोंसे अधिक थीं, लेकिन उनकी उपेक्षा की जाने लगी। इसपर वह कांग्रेसके विरुद्ध भी खड़े हुये। शायद इसी समय उन्होंने अपने को सबसे अधिक पक्का गांधीवादी सिद्ध करनेके लिये झाड़ू देना शुरू किया और झाड़ूदास नाम पड़ा।

असहयोगके छपराके इतिहासमें मास्टर महेन्द्र सिंहको भुलाया नहीं जा सकता।

बाबू हरिनन्दन सहाय

असहयोगमें योग देनेवाले वृद्ध और प्रौढ़ लोग भी थे, लेकिन अधिक संख्या नौजवानोंकी थी। स्कूलोंको छोड़कर आये लड़के बीस वर्षसे नीचे हीके थे। बीस वर्षसे ऊपरवाले वकील, अध्यापक जैसे लोग थे, जो जवानी के मध्याह्नमें थे। हरिनन्दन बाबूकी उमर उस समय २५-२६ के आसपास थी। एम० ए० करके वकालत (बी० एल०) पास किया, और अब वकालत छोड़ कर कांग्रेसके काममें जुटे थे। कुछ ही महीनों बाद, अनिच्छा रहते भी मैं सारे जिलेके काममें समय देनेके लिये मजबूर हुआ। सबसे पहले ऐसा अवसर १६२१ ई० के बाढ़के समयमें मिला। रेलकी सड़कने छपरा शहरको बचा दिया था, नहीं तो यदि धार उधर मुड़ती, तो शहर खतम हो जाता। सड़कसे पश्चिम दूर तक एक विशाल समुद्र बन गया था, जिसमें जगह-जगह गाँव टापूकी तरह मालूम होते थे। पानी बढ़ता जा रहा था, लोग अपने मकानोंकी छतोंपर बैठे थे। मकानोंकी दीवारें ईंटकी नहीं, मिट्टीकी थीं, इसलिये उनके बैठनेमें देर नहीं थी। पहले दिन तो सबसे बड़ा काम यही था, कि ऐसे लोगोंको नावोंपर बैठा कर बाहर निकाला जाय। उस रात शायद चार बजे घंटे-दो-घंटेके लिये मैं नाव पर सोया था।

सहायताके कामका अभी लोगोंको तजर्बा नहीं था। सिर्फ मेलोंपर सेवा-समिति काम करती थी, सार्वजनिक सेवा पहलेपहल इसी रूपमें देखी गई थी। बाबू महेन्द्रप्रसाद छपरामें सेवा-समितियोंके सबसे बड़े सहायक और समर्थक थे। सोनपुरमें उन्हींके प्रयत्नसे सेवा-समितिका अपना भवन बना। सेवा-समितियाँ मेले-ठेलेमें भूले-भटकोंको सहायता करतीं, जहाँ भीड़ होती वहाँ व्यवस्था कायम करतीं। बाढ़के कारण हजारों आदमियों की विपदा में सहायता करनेका अभी तर्जबा नहीं था। बाढ़-सहायताका काम दो-चार दिनका नहीं, महीनों का था। पहले लोगोंको खाना और जाड़ेके

लिये वस्त्रका प्रबन्ध करना था। बाढ़ उतर जानेपर खेतीके लिये बीज और दूसरी सहायता पहुँचानी थी। इसके लिये ऐसे योग्य कार्यकर्त्ताओंकी आवश्यकता थी, जो सहायताको संगठित और संचालित कर सकते। ओलियर टैंक (तालाब) के पास रेलवे सड़कके किनारे बहुत सी फूसकी झोपड़ियाँ बनाई गई थीं, जिसमें गोदाम और आफिस थे। काम करनेके लिये आये लोगोंमें किसीको तर्जबा नहीं था, लेकिन कुछ कामको जल्दी समझ लेते थे और कुछ समझनेकी क्षमता नहीं रखते थे। इसी जगह बाबू हरिनन्दन सहायसे मेरा परिचय हुआ। ऐसे समयमें मैं अपनेको संयत न कर रोयें-रोयेंसे उड़ना चाहता था। सहायता पहुँचानेमें एक मिनटकी देरी भी मुझे असह्य मालूम होती थी। उस समय यदि किसीको डट कर काम करते देखता, तो चित्त प्रसन्न हो जाता। हरिनन्दन बाबूको मैंने ऐसा ही देखा।

हरिनन्दन बाबूका जन्म गण्डकके बाँधके किनारे उसरीमें हुआ था। गाँव कायस्थोंका है। कायस्थ युगोंसे कलमपेशा चले आये हैं। उनमें कोई गाँवके पटवारी तक ही रह जाते, और कोई-कोई अपनी शिक्षाके कारण ऊँचे-ऊँचे पदोंपर पहुँचते या वकील हो जाते। हरिनन्दन बाबूके चचा बाबू बलदेव सहाय गोपालगंज के सबसे बड़े वकील थे। वह धार्मिक वृत्ति रखने वाले पुरुष थे। किसी तरह राधास्वामी-मतकी हवा लग गई, और वह आगरेमें अपने सम्प्रदायके भण्डारोंमें अक्सर जाया करते थे। तो भी अपनी भक्तिका प्रदर्शन वह गोपालगंजके दूसरे भक्त मास्टर महेन्द्रसिंहकी तरह नहीं करते थे। उस समय तो नहीं, पर पीछे चचाके प्रभावके कारण हरिनन्दन बाबू भी राधास्वामी साहबजी महाराजके सम्पर्क में आये। उनके एकमात्र पुत्र ने तो बहुत कुछ आगराके दयालबागमें ही शिक्षा दीक्षा प्राप्त की।

यद्यपि हरिनन्दन बाबू घरसे गरीब नहीं थे, कुछ जमींदारी भी थी, और चचा भी सम्मिलित परिवारके कर्त्ता थे तब भी कुछ कमाये-धमाये बिना सारा जीवन कैसे बिताया जा सकता था? लेकिन, बहुत सालों तक वह असहयोगी रहकर ही कांग्रेसका काम करते रहे। गया-कांग्रेसमें वक्त-

प्रबन्धकों की जब आवश्यकता मालूम हुई, तो छपरासे मथुरा बाबू, गोरख-नाथ त्रिवेदी आदिके साथ वह भी वहाँ जाकर काम करते रहे।

१६२२ के नवम्बरमें हम सोनपुरके मेलेमें थे। दानापुर और दूसरी गोरा-छावनियोंके खानेके लिये सोनपुर मेलेसे हजारों गायें खरीदी जाती थीं। हम चाहते थे, इसकी रोकथाम हो। उस समय बिहार और उड़ीसा एक ही प्रदेश था। बाबू मधुसूदनदास उसके एक मंत्री थे। मधुसूदन बाबू ईसाई और उड़िया थे। यद्यपि गोमांस उनके लिये अभक्ष्य नहीं हो सकता था, पर वह भारतीय थे और गायकी उपयोगिताको मानते थे। हरिनन्दन बाबू और मैं दोनों उनके पास इसके बारेमें बातचीत करने गये। उन्होंने सहानु-भूतिके साथ हमारी बातें-सुनीं, और कहा—"गो-रक्षाका असली मतलब अन्धी-लँगड़ी गायें जमा करना नहीं होना चाहिये, बल्कि बेहतर नसलकी वृद्धि करना चाहिये।" उनकी बात बिलकुल ठीक थी। सोनपुरके मेलेमें गोरोंके लिये गायें न खरीदी जाय, ऐसा करना उनकी शक्तिके बाहर था, यह हमें मालूम होते देर नहीं लगी।

हरिनन्दन बाबू से मेरी बहुत घनिष्टता थी। मन करता था, हम हमेशा इसी तरह काम करते रहें। उसरी में उनके गाँव में मैं अनेक बार गया था। वह मुझसे बहुत प्रभावित थे। "यह संस्कृत-हिन्दी जाननेवाला साधु होनेसे कुछ और भी है," यह बात अँग्रेजी शिक्षित साथियोंमें पहले उन्हीं को मालूम हुआ था। एकमाके अपने तरुण साथियोंके सामने मैं वही बातें करता था, जिनकी उनके कामके लिये आवश्यकता थी। वहाँ समाज-वाद और साम्यवादपर व्याख्यान देनेकी जरूरत नहीं थी, क्योंकि उसको मेरे साथी नहीं समझते। लेकिन, हरिनन्दन बाबू कलकत्तामें पढ़े थे। उनको बाहरी बातोंका भी ज्ञान था। उनसे और विषयोंपर भी बातचीत होती थी।

१६२५ ई० में दो साल जेलमें रहकर जब मैं बाहर आया, तो उस समय छपरा जिला बोर्ड के नये चुनावमें कांग्रेसकी विजय होनेके फलस्वरूप जिला-बोर्ड के चेयरमैन हक साहब (मज़हरुल हक) और वाइस-चेयरमैन

हरिनन्दन बाबू थे। उन्हें बाबू राधिकाप्रसाद जैसा जिलेका शिक्षाधिकारी (डिप्टी-इन्सपेक्टर) मिला था। तीनोंके प्रयत्नका यह फल हुआ, कि स्कूलोंकी संख्या बहुत बढ़ गई, प्रायः एक-एक मीलपर प्राइमरी स्कूल हो गये, और साथ ही शिक्षा निःशुल्क भी हो गई।

बाबू बलदेव सहायके एक ही पुत्र था, और उनके भाई के इकलौते पुत्र थे हरिनन्दन बाबू। उस तरुणका ब्याह शीतलपुरमें एक सुशिक्षित कायस्थ परिवारमें हुआ। बरातमें मुझे भी जाना पड़ा। लेकिन, यह ब्याह मंगल साबित नहीं हुआ, कुछ ही साल बाद जवान लड़केकी मृत्यु हो गई। बलदेव सहायको बहुत धक्का लगा, अब उनका सारा स्नेह अपने भतीजेपर केन्द्रित हो गया। भतीजा भी अपने चचाके सामने चल बसा और उसका लड़का ऐसा निकला, जिसने बाप-दादेकी सारी सम्पत्तिको कुछ ही दिनोंमें उड़ा-पड़ा कर खतम कर दिया। उसको मेरा और हरिनन्दन बाबूका सम्बन्ध मालूम था। बहुत वर्षों बाद, (आजसे तीन ही चार वर्ष पहले) उसकी चिट्ठी मिली। पीछे उसी गाँवके दूसरे सज्जन मसूरी आये, तो मालूम हुआ, बाबू बलदेव सहाय और बाबू हरिनन्दन सहायका घर अब चौपट हो चुका है।

घर भले ही चौपट हो गया हो, लेकिन हरिनन्दन बाबूने अपनी जवानी के जो कई साल देशकी सेवाके लिये अर्पित किये, वह बेकार नहीं गये। इसका साक्षी आज हमारा स्वतन्त्र देश है।

महन्त तुलसी गोसाईं

कबीर साहबका नाम बहुत पहले सुपरिचित था। पिताके मुँहसे अनेक बार सुनता था—"कहैं कबीर कछु उद्दम कीजै। आपु खाई औरनको दीजै।" आजमगढ़के पासके एक कबीरपंथी महन्त फसलके समय हर साल कनैला आते और लोग अपनी शक्तिके अनुसार दो-चार सेर धान या अनाज उनके मठके लिये देते थे। वह गरीके छोटे-छोटे टुकड़े बच्चोंको प्रसादके तौरपर बाँटते। इसके कारण मेरे बाल-मनने गरी और कबीर साहबको जोड़ दिया था। यद्यपि मैं हिन्दीका नहीं, बल्कि उर्दूका विद्यार्थी था, पर दर्जेमें उर्दूवालोंकी संख्या एक-दोसे ज्यादा नहीं होती और उन्हेंभी अपने हिन्दीवाले सहपाठियोंके साथ बैठे-बैठे पाठ सुनना पड़ता। इसलिये "हिन्दी शिक्षावली" में दिये गये कबीरके कितने ही वचन मेरे कानोंमें पड़ जाते थे। कबीरपंथ और उसके साधुओंका मेरा परिचय इतना ही भर था, जब कि तुलसी गोसाईं के रूपमें मुझे एक कबीरपंथी साधुको नजदीकसे देखनेका अवसर मिला।

वैसे वैरागी भी शिक्षा और संस्कृतिमें बहुत बढ़े नहीं थे, पर कबीरपंथी तो उस समय और भी पिछड़े माने जाते थे। शायद उसका एक कारण यह भी था, वह तड़क-भड़कसे नहीं रहते। कबीरपंथी साधु अपने हाथसे हल भी चला लेते थे, खेती करते थे, कुछ उद्दम करके दूसरोंको भी खिलाना उनका मोटो था। इन सबके साथ उनके महन्तोंमें अब्राह्मण ज्यादा थे, और भक्तोंमें कोयरी (काछी) जैसी मेहनती किसान जातियाँ थीं। शायद इन बातोंका प्रभाव मुझपर भी था, और मैं भी उन्हें वैसा ही समझता था।

१९२१ ई०में असहयोगमें भाग लेनेके लिये मैं छपरा पहुँचा। उस समय तक मैं अपने विचारोंमें बहुत आगे बढ़ चुका था। आर्यसमाजने बहुत सी धार्मिक रूढ़ियोंको मेरे मनसे हटा दिया था। घुमक्कड़ीने दृष्टिको

विशाल कर दिया था। साम्यवादी विचारोंने एक नये समाजका सपना मेरे सामने रक्खा था, जिस सपनेको मैंने एक ही दो साल बाद अपनी "बाईसवीं सदी" में कागजपर उतारा। इस प्रकार मैं हरेक चीज और हरेक व्यक्तिको कई दृष्टिसे देखता था। मैं त्रुटियों और दोषोंका उतना महत्त्व नहीं देता था, जितना कि आदमीके गुणोंको।

दौरा करते मैं जिले के सबसे उत्तरके तथा पिछड़े थाने भोरेमें गया। किसी युगमें असहयोगकी आवाज यहाँ गूँजी थी, वहाँ जानेपर बस यही पता लगा। पर अब चारों तरफ सन्नाटा छाया हुआ था। मैंने बिखरे हुये कार्यकर्त्ताओंको इकट्ठा किया, फिर कामको आगे बढ़ानेकी कोशिश की। इसी समय तुलसी गोसाईं से भेंट हुई। वह ५० के आसपासके रहे होंगे। उनके शरीरपर मोटे खद्दरका अँचला (कपड़ा) था, और शायद कबीर-पंथियों जैसा तिलक भी। वह मुझे अपने मठपर ले गये। मठके मकान कच्चे, किन्तु साफ-सुथरे थे, गोशालामें कई जोड़ी बैलोंके अतिरिक्त गायें-भैंसें भी थीं। जो ईसाई-मुसलमानोंके साथ कच्ची-पक्की खा चुका था, उसके मनमें भला छूआछूत का भाव कैसे रह सकता था? लेकिन कितने ही लोग परसा मठका वैरागी समझकर मुझे दूसरा समझते थे, और खानेमें छूतछात न रखनेके कारण परमहंस कह दिया करते थे। तुलसी गोसाईं के यहाँ भोजन करना था। एक पंक्तिमें सारे साधु बैठे थे। मैं भी उन्हींमें बैठा। देखा, दही-दूध जो भी परोसा गया, सबकी थाली या पत्तलमें एक सा डाला गया। मेरे साम्यवादी मनपर इसका बहुत प्रभाव पड़ा। तुलसी गोसाईं ने कहा, कि अगर सबके पास पहुँचाने भरके लिये दही-दूध हमारे पास नहीं होता, तो हम उसे दालमें डाल देते हैं, लेकिन पंक्ति-भेद कभी नहीं करते। गरी के साथ अब यह साम्यवादी भावना भी कबीरपंथके साथ मेरे मनमें जुड़ गई। मैं इस पंथका बहुत प्रशंसक बन गया।

तुलसी गोसाईं शायद मेरे बैरागी-गुरु (महन्त लछुमनदास) से अधिक पढ़े-लिखे थे, अर्थात् अपनी दस्तखत करते, बगलेकी टाँगें नहीं खींचा करते थे, बस इतनी ही भर उनकी शिक्षा थी। कबीरकी वाणीको वह अवश्य

समझते थे, और यथाशक्ति उसका अनुगमन करनेकी कोशिश करते थे। मठके पास काफी खेत थे, जिसमें मिट्टी-धूल में एक होकर वह खेती करते थे। मैंने उन्हें हल चलाते नहीं देखा, पर मौका पड़नेपर वह उससे बाज नहीं आते होंगे, यह मुझे विश्वास था। उनके बैल खूब हट्टे-कट्टे थे, गायें-भैंसें मोटी-तगड़ी थीं। परसा-मठमें मैंने देखा था, दो सौ रुपयेकी जोड़ी बैलोंकी खरीद कर आती और छ: महीनेमें उनकी हड्डी-हड्डी रह जाती उस समयकी दो सौकी जोड़ी आज हजारमें मिलेगी। इसका कारण यही था, कि महन्त और दूसरे साधु गोशालाको नौकरोंकी चीज समझते थे, देखनेकी तकलीफ नहीं करते थे, कि पशुओंको सानी-पानी कैसी मिल रही है। तुलसी गोसाईं और न उनके मठके साधु अपने हाथसे गोबर निकालने वाले थे, स्वयं सानी-पानी करते थे, गाय-भैंसोका दूध दुह लेते थे। उन्हें बड़ी जात वाले, अर्धशिक्षित कोमलांगोंकी आवश्यकता नहीं थी। धूल-माटीमें खेलने वाले किसान-पुत्र उनके मठके साधु थे। मठकी परम्परा उनको बतलाती कि, शरीरसे उद्यम करना बड़े धर्मकी बात है। साहेब (कबीर) स्वयं करघा चलाते थे, उसीकी कमाई से अपना और अपने अतिथियोंका भोजन चलता था। उन्होंने कामचोरको बहुत बुरा कहा है।

तुलसी गोसाईं यह समझ गये थे, कि भक्ति भावनाके अतिरिक्त देशको गुलामीसे आजाद करना भी एक बड़ी उपासना है। इसीलिये वह पुलिसके घनघोर राज्यके भयका कुछ भी ख्याल न करके कांग्रेसमें काम करते थे। वह थाना कांग्रेसके सभापति थे।

न जाने कब तुलसी गोसाईंका अन्तिम दर्शन हुआ, यह भी मालूम नहीं, कब उन्होंने अपना चोला छोड़ा। पर, देशके लिये जिन भोली-भाली सूरतोंने सरल श्रद्धावश काम किया था, उनका ख्याल आते तुलसी गोसाईं सबसे पहले मेरे सामने खड़े हो जाते हैं।

बाबू नारायणप्रसाद सिंह

हम दोनों एक साथ जेलमें जानेवाले, एक ही बार सजा सुननेवाले और फिर छः महीने तक साथ रह कर एक ही साथ छूटनेवाले थे। इसीसे हमारा सम्बन्ध अधिक घनिष्ट हो गया। हमलोग छपरा जेलके हवालातमें गये, सरकारने विशेष सुभीता दिया था। हम अपने हाथसे अपनी रुचिका भोजन बना, और बाहरसे भी मँगा सकते थे। नारायण बाबूको चूल्हेसे कभी वास्ता नहीं पड़ा था। उस वक्त मैंने अपने रसोईके हाथ दिखलाये।

नारायण बाबूकी शिक्षा हिन्दी तक ही थी, पर वह स्वाध्यायशील थे: इसलिये हिन्दी द्वारा ही उन्होंने अपने ज्ञानको बहुत बढ़ाया था। उनके पिता काफी धन छोड़ कर मरे थे। पिताकी अकेली सन्तान थे। यद्यपि उनका कुल बड़मैया भूमिहारों का नहीं था, तो भी वह प्रतिष्ठित समझा जाता था। बाबुओंकी परम्पराके अनुसार प्रभुत्व, धनसम्पत्ति और यौवन तीनोंके एकत्रित हो जानेपर अपना समय मौज-मेलेमें बिताना चाहिये था। पर, उनमें अविवेक नहीं था। साथ ही कहासे भनक लगी, कि जीवन केवल खाने-पीनेके लिये नहीं है। उन्हें देशकी राजनीतिक बातोंका भी कुछ-कुछ पता था, अभी गांधीजी भारतके कार्यक्षेत्रमें नहीं उतरे थे। तिलक मांडलेके जेलमें रहते भी अपने प्रभावसे सारे भारतके देशभक्त हृदयोंको अपनी तरफ खींच रहे थे नारायण बाबू तिलक और गीताके भक्त थे। गांधीजीके आन्दोलनमें पूरे तौरसे शामिल होनेपर भी वह तिलकको ही अपना गुरु मानते थे।

आदर्शवादी होतेही उनका ध्यान शिक्षाकी ओर गया। उनका गाँव गोरयाकोठी उस समय किसी भी स्टेशनसे चार-पाँच कोससे कम दूर नहीं पड़ता था। ऐसे घोर देहातमें हाई स्कूल खोलना असम्भव सी बात थी लेकिन, नारायणबाबूने असम्भवको सम्भव कर दिया। विलासमें पैसोंको फूँकनेकी जगह उन्होंने शिक्षण संस्थामें उसे लगाया। शिक्षाकी भूख लोगोंमें

पैदा हो गई थी, इसलिये लड़के आने लगे। कुछ ही समय बाद उनका हाई स्कूल सरकार द्वारा स्वीकृत हो गया। इतनी साधनाके बाद तैयार किये स्कूलको असहयोगकी आँधी आते ही उन्होंने राष्ट्रीय विद्यालय बना दिया, और सरकारी परीक्षा बायकाटकर दिया। लोग अधिकतर नौकरी, वकालत या दूसरे कामोंके लिये अपने लड़कोंको स्कूलमें पढ़नेके लिये भेजते थे। गांधीजीके स्कूलसे वह आशा पूरी नहीं हो सकती थी, इसलिये लड़के बहुत कम हो गये। तो भी नारायण बाबू डटे रहे।

शिक्षामें स्कूली या कालेजकी शिक्षासे वंचित होनेपर भी वह सुशिक्षित और सुसंस्कृत पुरुष थे। हाई स्कूलके संस्थापकके तौरपर अपने बसंतपुर थाने हीमें, बल्कि नहीं, जिलेमें भी उनका सम्मान था। कांग्रेसका आन्दोलन शुरू हुआ, तो नारायण बाबूको जिलेके मुख्य नेताओंमें माना जाने लगा।

१९२१ ई० के अन्तमें सत्याग्रहके लिये स्वयंसेवक भर्ती किये जाने लगे। सरकारने क्रिमिनल-ला सुधार कानूनके द्वारा स्वयंसेवक दलको गैर-कानूनी घोषित कर दिया। छपराकी रामलीला मठियामें सभा हुई। पुलिसके लोग वहाँ मौजूद थे। लोग अपना-अपना नाम लिखाने लगे। भरत मिश्र, बाबू माधव सिंह वकील तथा कितने ही और कांग्रेसी नेता वहीं गिरफ्तार कर लिये गये। छपराका कलेक्टर लुइस बड़ा होशियार आदमी था। वह जानता था, हम अन्धाधुंध गिरफ्तारी नहीं कर सकते, क्योंकि हमारे पास उन्हें जेलमें रखनेके लिये जगह नहीं है। छपरावाले लुइसकी शिकायत करते थे—मुजफ्फरपुरके कलेक्टरने सैकड़ोंको जेलमें भेजकर जिलेके नामको ऊँचा करनेका मौका दिया, और हम छपरावाले लुइसके मारे उससे वंचित हो गये। कलेक्टरके आदेशके अनुसार पुलिसने आठ-दस आदमियोंको गिरफ्तार किया, और बाकियोंके नाम नोट कर लिये।

दिसम्बर (१९२१ ई०) में कांग्रेसका अधिवेशन अहमदाबाद (गुजरात) में हुआ। मुझे भी जानेके लिये कह रहे थे, लेकिन अहमदाबाद मेरा देखा हुआ था। वहाँ जानेकी जगह जिलेमें कांग्रेसके लिये काम करना मैं ज्यादा अच्छा समझता था। गांधीजी बारदोलीमें सत्याग्रह छेड़नेवाले

थे। इसके लिये हमारे जिलेको तैयार रहना चाहिये था। नारायण बाबू अपने जिलेके कुछ आदमियोंको लेकर कांग्रेसमें गये। वहाँकी एक घटना सुना रहे थे। बहुत दूर न रहनेके कारण द्वारिका भी देखने के लिये गये। जिस नावमें चढ़ कर समुद्रमें जा रहे थे, उसके पालकी रस्सी टूट गई, और समुद्रकी उत्ताल तरंगें उसे बहा ले चलीं। नौकारोहियोंको मृत्यु अपने सामने दिखाई देने लगी, कायरता दिखानेवालोंमें अपने जिलेके भी एक भक्त पुरुष थे। खैर, नैया डूबी नहीं। कोई जहाज मिल गया, और उसने नावको बचा लिया।

नारायण बाबू कांग्रेससे जनवरीमें लौट आये। पुलिसने हम दोनोंको मुक्त रखना पसन्द नहीं किया। वारन्ट निकला था। पहले मैं गिरफ्तार करके जेलमें भेजा गया और दस दिन बाद तारीख के दिन ६ फरवरीको नारायण बाबू भी पकड़ कर इजलासमें हाजिर किये गये।

हम दोनों ही छपरा जेलमें रक्खे गये। रसोइया मिल सकता था, लेकिन यह भी एक शगल था, इसलिये हम अपना खाना बनाया करते थे। वहाँ रहते मैं पुस्तकें पढ़ता या नारायण बाबूसे बातें करता। उनसे परिचय पहले ही हो चुका था, लेकिन अब उनके तेजस्वी व्यक्तित्वको नजदीकसे देखनेका मौका मिला, इसलिये उनके प्रति मेरा स्नेह बढ़ा।

११ फरवरी (१६२२ ई०) को हमारे मुकदमेका फैसला हुआ। पुलिसने जो अपराध लगाये थे, उन्हें हमने पूरी तौरसे स्वीकार किया। छः महीनेकी सजा दी गई। मिस्टर लुइसको धन्यवाद दे हम जेलमें चले आये। तेरह दिन रहनेके बाद राजनीतिक कैदियोंके लिये निश्चित किये गये बक्सर सेन्ट्रल जेलमें हम भेज दिये गये। वहाँ एक पूरी बटालियन पड़ी हुई थी। अपने जिलेके डेढ़-दर्जनसे ज्यादा आदमी नहीं थे, लेकिन सारे बिहारके तीन सौसे ऊपर बन्दी थे। छः महीनेके लिये वही हमारा घर हो गया। नारायण बाबू अपना समय पढ़ने-लिखनेमें लगाते। गीताका उन्होंने खूब अध्ययन किया था, और तिलकके "गीता-रहस्य" के कई

पारायण किये थे। अद्वैत वेदान्तपर उनकी अटल श्रद्धा थी। वेदान्तपर उन्होंने कुछ लिखा भी।

एक ही दिन दण्डित होकर हम दोनों जेलमें गये, और एक ही साथ छूटे भी। इसके बाद कांग्रेसमें भी हम एक ही साथ काम करते रहे। दूसरे बड़े कार्यकर्त्ताओंमें कितने ही फिर वकालत या दूसरा काम करने चले गये, पर नारायण बाबू और मेरे लिये वही एकमात्र काम था, जिसको हमने उस समय स्वीकार किया था। बादमें जब मैं राजनीतिसे अलग होकर साहित्यिक और दूसरे कामोंमे लग गया, तब भी नारायण बाबूका सम्बन्ध वैसा ही बना रहा। जिला-बोर्डके चुनावमें कुछ मतभेद हो गया था। मैं कांग्रेसी उम्मीदवार हां को सब कुछ समझता था, इसीलिये यह पसन्द नहीं करता था, कि कोई कांग्रेसी दूसरेको किसी और ख्यालसे सहायता करे इसके लिये अपना रोष कुछ कड़े शब्दोंमें प्रकट किया था, जिसका मुझे पीछे बहुत अफसोस हुआ, और दो-तीन साल बाद तिब्बतसे मैंने इसके लिये खेद प्रकट किया। नारायण बाबू स्वानर्मित पुरुष थे। अपने अध्ययन और तजंबा से ही उन्होंने बहुत अच्छा ज्ञान अर्जित किया था, और उनकी सूझ कितने ही सुशिक्षितोंसे भी ज्यादा दूरगामिनी होता थी। गोरयाकोठी हाई स्कूल, को उन्होंने फिर स्वीकृत करवा दिया और वह अच्छी तरह चल निकला। वह कौंसिलमें भी चुने गये, उन्होंने अपनी लड़कियोंको भी उच्च शिक्षा दिलवाई। सबसे छोटी शकुन्तला अब पटनाके एक महिला कालेजकी प्रिंसिपल है।

कांग्रेसके हरेक आन्दोलनमें वह शामिल होते और जेल भी जाते। नमक-सत्याग्रहके समय उनके गाँव और घर पर पुलिसने आँख मूँद कर अत्याचार किया। वह जेल चले गये थे। घरमें उनकी पत्नी रह गई थीं। गाँवमें गोरखा सिपाही पड़े हुये थे। खुल कर जानेमें हम भी पकड़े जाते, इसलिये श्री जानकीशरण साही वकीलके साथ १० फरवरी (१६३१ ई०) को अन्धेरा होते-होते हम गोरयाकोठी पहुँचे। नारायण बाबूके घरमें गोरखों ने कुर्सी, पलँग, चौकियोंको खुकुड़ीसे काट दिया था, सभी चीजोंको नष्ट करनेकी कोशिश की थी। गाँवके एक गरीबके घरमें देखा—उसकी चौखट-

किवाड़ोंको उखाड़ फेंका गया था। कोठलीको तोड़ अनाजको बिखेर कर मिट्टी में मिला दिया गया था, काँसे-ताँबे के बर्तनों-घड़ोंको तोड़ दिया गया था। यही हालत और भी बहुत से घरोंमें हुई थी। लोगोंपर बहुत मार पड़ी थी। सारे गाँवपर पुलिस आतंक जमानेकी कोशिश कर रही थी। नारायण बाबूकी पत्नीको हम सान्त्वना दे रहे थे, लेकिन वह पहले हीसे तैयार थीं—"मुझे घबराहट नहीं है। मैं बच्चोंके साथ जेल जानेके लिये तैयार हूँ।" उनकी सबसे छोटी लड़की (शकुन्तला) अपनी मझली बहिनके साथ छपरामें सत्याग्रहमें काम कर रही थी।

गोरयाकोठी जैसे घोर देहाती गाँवमें इतनी राजनीतिक जागृति पैदा करनेका श्रेय नारायण बाबूको था।

———

दारोगा नन्दी

हाँ, वह पुलिसके दारोगा थे। असहयोग आन्दोलनको दबाना उनका काम था। लेकिन, मैं उनको अपने दूसरे असहयोगी साथियोंकी तरह ही मानता था। पहली बार छै महीनेकी जेल काटकर मैं बाहर आया। बाबू माधवसिंह वकीलके साथ कुवाड़ी परगने—मीरगंज, भोरे, कटया, कुचायकोट—में जानेका हमारा प्रोग्राम बना। कलेक्टर को मालूम हुआ, तो कटयामें हमारे ऊपर दफा १४४ लगाकर भाषण देना बन्द कर दिया। हम दोनों मीरगंज और भोरे के थानोंमें व्याख्यान देते कटयाकी ओर बढ़े। मालूम हो गया था, कि वहाँ पहुँचते ही नोटिस दिया जायगा, और हमें दफा १४४ तोड़नेकी इजाजत नहीं हुई थी। रास्तेमें कोई हाट लगी हुई थी। कई सौ आदमी इकट्ठा मिले। जो व्याख्यान कटयामें देना था, उसे यहीं दे डाला। कटयामें पहुँचनेपर भी हम फुर्ती के साथ दो-तीन फर्लांग दूर एक पोखरेपर चले गये। लोग जमा हो गये। हम कुछ बोल नहीं सके, नन्दी दारोगा आ गये, और उन्होंने दफा १४४ का नोटिस हमारे हाथमें दे दिया। कहीं हम दफा तोड़कर बोलने न लग जायँ, इसलिये उन्होंने ही एक छोटा सा लेक्चर दे डाला, जिसमें खद्दर पहननेकी तारीफ, नशा पीने, और मुकदमेबाजी करनेकी निन्दा थी। सरकारका खुल्लमखुल्ला विरोध करना छोड़कर बाकी जो बातें हम कहना चाहते थे, वही नन्दीजीने कह डालीं। सभाके बाद फिर उनसे बातचीत हुई। उनके विचारोंको जानकर मुझे बड़ी प्रसन्नता हुई। कह रहे थे—"हमारी अखिल भारतीय अहीर सभाका सम्मेलन था। कुछ लोगोंने प्रस्ताव रक्खा, कि हमें अपनी जातिमें विधवा विवाह बन्द कर देना चाहिये। आखिर बड़ी जात और छोटी जातमें यही तो अन्तर है कि बड़ी जातिवाले विधवा-विवाह नहीं कर सकते। हमने तथा कुछ और नेताओंने इसका सख्त विरोध करते हुये कहा, कि बड़ी जातवाले

भी इस गलतीका मार्जन कर रहे हैं, विधवा-विवाहकी हिमायत कर रहे हैं। हमें ऐसी गलती नहीं करनी चाहिये।"

नन्दी दारोगाको मैं बहुत ऊँचे दर्जेका आदमी मानता था। छपरामें गोरखपुर (आजकल देवरिया) जिलेकी सीमा पर अवस्थित भोरे और कटया थानोंका थानेदार बनना लोग अहोभाग्य समझते थे। वहाँके थानेदारके लिये सालमें १५-२० हजार रुपया कमा लेना कोई मुश्किल बात नहीं थी। छपरा और गोरखपुर दो सूबोंमें थे, इसलिये पुलिस की कार्रवाईमें ढिलाई होती थी, जिसके कारण चोरों की बन आती थी। ये चोर दूर-दूर तक थे। कितना प्रलोभन उनके सामने था? लेकिन, वह पानी में कमलकी तरह निर्लेप रहे। रिश्वत लेना वह बहुत बुरा समझते थे। वह बेवकूफ नहीं बल्कि बहुत समझदार आदमी थे। लेकिन, पेन्शनके वक्त तक वह सब-इन्सपेक्टरसे ऊपर नहीं बढ़ सके। क्योंकि, न वह खुशामद करना जानते थे, और न ऊपरवाले अफसरोंको अपनी कमाई मेंसे पूजा चढ़ा सकते थे। तरक्की कैसे होती? ऐसे कितने आदमी हो सकते हैं? उन्हींकी जाति-बिरादरीके एक दूसरे पुरुषको मैंने प्रयागमें देखा जो हाईस्कूल और इंटर-मीडियेट परीक्षा-बार्डके सेक्रेटरी थे। अपनी पुस्तकोंको लगवाने और दूसरे कामोंको करवानेके लिये ऐसे सेक्रेटरीके सामने लोग थैली खोलनेके लिये तैयार हो जाते, लेकिन सेक्रेटरीके कड़े स्वभावको जानते थे, इसलिये कोई हिम्मत नहीं करता था। उसने अपना ब्याह इसलिये नहीं किया, कि खर्चा बढ़ जायगा। यह दोनों पुरुष सरकारी नौकरी नहीं, बल्कि तपस्या कर रहे थे। ऐसे तपस्वियोंका आज कितना अभाव है?

१९३१ ई० के सत्याग्रहके समय मैं भी भाग लेने गया। मुझसे यह स्वीकार करा लिया गया था, कि मैं जेल न जाकर पीछे रह सत्याग्रहका संचालन करूँ। एक दिन छपरा शहरमें जलूस निकल रहा था, मैं जलूस से दूर फुटपाथपरसे जा रहा था, उसी समय नन्दी दारोगा अपने एक दो और पुलिस अफसरोंके साथ आ गये। हम बहुत दिनों बाद मिले थे। उनके साथीने कहा—"बाबा, आप जलूसमें नहीं शामिल हो रहे हैं?"

नन्दीजीने उन्हें कुछ बतलाया। इसके बाद हम बातचीत करते कुछ दूर तक साथ गये। अब पेन्शन पानेका समय आ गया था। दस साल पहलेकी उनकी बातें याद आती थीं। इस वक्त मालूम हुआ, कि वह अब भी सब-इन्सपेक्टर हैं। हाँ, अब उन्हें थानोंमें न भेज कर कचहरीका सब-इन्सपेक्टर नियुक्त किया गया है। अँग्रेजी शासनके वह अनुरूप नहीं थे, इसलिये क्यों तरक्की होने लगी!

हक साहब

सब लोग उन्हें हक साहब कहा करते थे। राष्ट्रीयता और देशके लिये इतना जबर्दस्त दीवाना बीसवीं शताब्दीमें दूसरा कोई मुसलमान हुआ, इसका मुझे पता नहीं। उनके दर्शन करनेका मुझे कई बार मौका मिला। लेकिन घनिष्टताके साथ मिलनेका अवसर उनके अपने गाँव फरीदपुर (आंदर) में ही हुआ। पटनाके अपने विशाल बाग और मकानको उन्होंने कांग्रेसको दे दिया, जो सदाकत आश्रमके नामसे आज भी मौजूद है। अन्तिम मूर्ति उनकी याद आती है, अतिगौर मुख और सारी सफेद दाढ़ी। वह अपने गाँवके बँगले की बैठक में बैठे थे। सामने आलमारियोंमें हजारों पुस्तकें सजी थीं। एक जगह कई सौ पुस्तकें प्रेतात्माओंके सम्बन्धकी थीं। उनका बड़ा लड़का नदीमें डूबकर मर गया था, जिनका उनके ऊपर बहुत प्रभाव पड़ा था। ऑलिवर लाज जैसे विज्ञान में नोबुल पुरस्कार विजेता जब पुत्रशोकको मिटानेके लिये प्रेतात्माविद्याकी ओर झुक गये, तो भावुक हक साहबके बारेमें क्या कहना! वह अच्छे बैरिस्टर थे, लेकिन पैसा कमाना उनका कभी ध्येय नहीं रहा। यद्यपि धर्म और इस्लामके प्रति उनका बहुत आदर था, किन्तु साम्प्रदायिकता उनको बिल्कुल छू नहीं गई था। वह अनासक्त-सा जीवन बिताते थे। असहयोग-आन्दोलनके बहुत पहलेसे वह राष्ट्रीयताके कट्टर समर्थक और अँग्रेजोंके विरोधी थे। असहयोग-आन्दोलनके समय उन्होंने दूसरोंकी तरह गाँव-गाँव घूम कर प्रचारका काम नहीं किया। पर, उनकी हरेक श्वासके साथ अँग्रेजी राज्यके लिये घृणा निकलती थी। असहयोगमें बैरिस्टरी छोड़ दी, अपनी पटनाकी सम्पत्ति दान कर दी। फिर अँग्रेजीका एक राष्ट्रीय दैनिक भी उसी समय निकाला, जिसमें बहुत सख्त लेख निकलते थे, जिसके कारण मुखपृष्ठपर नाम छपनेके कारण एक सम्पादकको जेलकी भी हवा खानी पड़ी।

दूसरी बार दो सालकी जेल काटकर जब मैं बाहर आया, तो देखा, एक साहब छपरा, डिस्ट्रिक्ट-बोर्डके चेयरमैन हैं। चेयरमैनी या कौंसिलके मेम्बरीकी ओर उनका कोई आकर्षण नहीं था। कौंसिलकी मेम्बरीमें उनके और प्रतिद्वन्द्वीके समान वोट आ गये। कहने लगे—जाने दो उसे एक वोटकी कमीसे ही तो वह नहीं जीत रहा है। उसीकी जीत सही। लेकिन, उन्हें कांग्रेसवालोंने खड़ा किया था। उन्होंने चिट्ठी डलवाई या रुपया चित्त-पट्ट करवाया और अन्तमें हक साहबकी बात ठीक निकली। डिस्ट्रिक्ट-बोर्ड में उनके आनेसे छपरा जिलेमें शिक्षामें जबर्दस्त परिवर्तन हुआ। अँग्रेज अफसर भी उनका सम्मान करते थे, जिसका कारण उनकी निर्भीकता थी। उन्होंने प्रस्ताव पास करवाया, कि शिक्षा-विस्तारका तजर्बा बिहारमें छपरा जिलेमें किया जाय, और देशी भाषाके स्कूलोंमें फीस न ली जाय, स्कूल बढ़ाये जायँ। उनके सामने ही स्कूलोंकी संख्या बहुत बढ़ गई। शायद ही कोई गाँव हो जहाँके लड़कोंको स्कूलमें पढ़नेके लिये एक मीलसे अधिक जाना पड़ता हो।

जेलसे आनेपर डिस्ट्रिक्ट-बोर्ड और दूसरी संस्थाओंने मुझे मानपत्र दिया। सभामें हक साहब भी मौजूद थे। मैंने सुना था, जिला-बोर्ड में गये कांग्रेसी तुच्छ स्वार्थों और जात-पाँत भावको लेकर गड़बड़ी फैला रहे हैं। जेलमें काफी दिनो रहनेपर कुछ तो आदमी अजीब-सा हो ही जाता है। मैंने उन लोगोंको डाँट-फटकार बतलाई, जिसमें हक साहब जैसे बुजुर्गको देखकर मुझे संकोचसे काम लेना चाहिये था। हक साहबने दबी जबानसे कुछ अरुचि सी दिखलाई भी। अरुचि इसलिये नहीं, कि वह जात या गुट्टका समर्थन करते थे, बल्कि मेरा बढ़ कर बात करना उन्हें पसन्द नहीं आया। उस समय छपरामें हाई स्कूल तक ही पढ़ाई होती थी। कोई कालेज नहीं था। मैं जो सपने देख रहा था, उसमें एक यह भी था, कि छपरामें एक कालेज बने। कालेज बना, लेकिन वह राजेन्द्र बाबूके नामपर। इस प्रकार उस महान् पुरुषके प्रति श्रद्धा प्रकट करनेमें हम पिछड़ गये।

चेयरमैन रहकर हक साहबने जो काम किया, उसे देखकर सभी चाहते

थे, कि वह फिर जिला-बोर्ड में जायें। बहुत कहनेपर उन्होंने कहा, मैं ऐसे ही चुनाव-क्षेत्रसे खड़ा हो सकता हूँ, जहाँ कोई मेरा विरोध न करे। २० मार्च १६२७ को फरीदपुरमें हक साहबके पास हम विशेष तौरसे समझाने के लिये गये थे। लेकिन, निर्विरोध चुनाव-क्षेत्र देना हमारे बसकी बात नहीं थी। उस समय उन्होंने मुझसे कहा था—"क्यों मारे-मारे फिरते हो, यहाँ आकर बैठ जाओ। इन पुस्तकोंको पढ़ो।" पर, मारे-मारे फिरनेका तो अभी मैंने क-ख ही सीखा था। उसी साल भारतसे बाहर जानेवाला था। इच्छा तो अक्सर होती थी, कि कुछ दिनोंके लिये फरीदपुरके फकीरके पास बैठ जाऊँ, पर समय निकालना सम्भव नहीं हो सका। १६२२ ई० में पहलेपहल मैं फरीदपुरके उनके बँगलेपर गया था। मेरे मित्र मथुरा बाबू भी साथ थे। हक साहबकी बेगम गुजराती देशभक्त तैयबजीके खानदानकी थीं। वह पर्दा नहीं करती थीं। राष्ट्रभक्ति उनके खूनमें थी। उन्होंने चाय पिलाई। मथुरा बाबू मुझे वैष्णव समझ कर ख्याल करते थे, कि मैं आना-कानी करूँगा। उन्हें क्या मालूम था, कि मैं छुआछूत बिल्कुल नहीं मानता। आखिरी बार दर्शन करनेके कुछ समय बाद हक साहबका देहान्त हो गया। उनकी कब्र फरीदपुरके अपने बगीचेमें उसी जगह बनी, जहाँ उनका बड़ा लड़का सो रहा था।

२४ फर्वरी १६३६ को मैं हक साहबके गाँवके पास ही अमवारीमें सत्याग्रह करके जेल गया। फरीदपुरकी कुटियामें रहनेके लिये हक साहबके एकमात्र पुत्र हुसेन मजहर रह गये थे। आपके विचारोंकी विरासत लड़केको भी मिली थी। वह भी किसान-सत्याग्रहमें भाग लेकर जेल गये। देशके विभाजनके साल एक दिन हुसेनसे मुलाकात हो गई। यह सुनकर बहुत दुःख हुआ, कि धर्मान्धतामें पागल लोगोंका बर्ताव इनके साथ अच्छा नहीं हुआ। उनके शरीर और सम्पत्तिको हानि नहीं पहुँचाई, किन्तु हृदयको ठेस जरूर लगी। तो भी हुसेन मजहर अपनेआपकी कुटियाको छोड़नेके लिये तैयार नहीं हुये।

बाबू चंद्रिका सिंह

असहयोगने देशके लाखों तरुणोंको दीवाना बना दिया था। उन्हींमें चंद्रिका सिंह भी थे। उन्होंने कालेजकी पढाई छोड़ी थी। मामूली किसानके लड़के थे, बड़ी मेहनत और घरवालोंकी कुर्बानीसे पढाई करते यहाँ तक पहुँचे थे। वह रहनेवाले मुजफ्फरपुर जिलेके थे, लेकिन नारायण बाबूके सम्पर्क के कारण उन्हींके साथ काम करने लगे। बहुत सालों तक वह नारायण बाबूकी छायाकी तरह रहे। जन्मस्थानमें जानेका ख्याल न हो, इसके लिये नारायण बाबूने अपने गाँवके पास ही उनका व्याह करवा दिया। वह घरजमाई बनकर वहाँ रहने लगे। जहाँ तक ख्याल है पहली बार जेल जानेके समय (१३ फरवरी-६ अगस्त १९२२) बक्सर जेलमें उनसे मेरी मुलाकात हुई। जिनके जीविकाके और भी साधन और भी उमंगें थीं, उनके लिये मेरे मनमें उतना ख्याल नहीं आता था, लेकिन चंद्रिका बाबू वैसे नहीं थे। सामने लम्बा जीवन पड़ा था। वह साधु-फकीर नहीं थे, कि रमते-राम रहते अपना जीवन गुजार देते। भविष्यका उनको कभी न कभी ख्याल करना ही पड़ेगा। मैं नहीं चाहता था, वह भविष्यका ख्याल करके किसी बन्धनमें बँधें। मैं चाहता था, उनका जीवन तब तक केवल राष्ट्रके कामके लिये अर्पित रहे, जब तक कि हमारा देश आजाद नहीं हो जाता। देशके आजाद होनेका मुझे पूरा विश्वास था; पर, गांधीवादियोंकी तरह मैं उसे एक-दो वर्षकी बात नहीं समझता। मेरी कल्पनाने १९४० ई० में ब्रिटिश छत्रछाया में भारतको स्वराज्य प्राप्त करनेका ख्याल किया था। पर, उससे सात वर्ष बाद हमारा देश स्वतन्त्र हुआ। हाँ, ब्रिटिश छत्रछायाके भीतर ही, जो जल्दी ही उसके ऊपरसे लुप्तप्राय हो गई। हमारा संघर्ष दीर्घकालव्यापी था, जिसमें नौजवान वृद्ध हो जायँ, तो कई आश्चर्य नहीं।

जब-जब राष्ट्रीय आन्दोलन आया, तब-तब चन्द्रिका बाबू उसमें शामिल

होते रहे। ससुराल ही उनका घर बन गया। अपनी सेवाओंके लिये सिवान लोकल-बोर्ड के वह चेयरमैन बने। उन्होंने अपनी आँखोंसे देशको स्वतन्त्र हुआ भी देखा।

बाबू महेन्द्रनाथ सिंह

असहयोग ने देशकी बँधी छिपी शक्तिको मुक्त कर दिया था। उसने देशके नौजवानों में बिजली सी दौड़ा दी। लाखों विद्यार्थी अपनी पढ़ाई छोड़कर मैदानमें आये। वह कार्य करना चाहते थे। लेकिन, कार्य देनेवाला कोई नहीं था, इसलिये बहुतसे अपने घरोंमें बैठ गये। कामकी कमी नहीं थी। मेरे सम्पर्क में जो भी तरुण आते, उन्हे मैं काममे लगा देता महाराजगंजका थाना एकमाको सीमापर था। मेरा ध्यान उसकी तरफ गया। इसी समय महेन्द्रनाथजीसे परिचय हुआ, और मैंने वहाँ काम करनेके लिये उन्हे राजी कर लिया। महाराजगंज काफी बड़ा थाना था, वहाँका बाजार छपरा जिलेके बड़े बाजारमेसे था। वहाँ अगर कोई योग्य बैठ जाता, तो उसको सहायकोंकी कमी नहीं हो सकती थी। महेन्द्रनाथजी सिताबदियराके रहने वाले थे, लेकिन महाराजगंजभी अपने ही जिलेमें था। स्वराज्यके लिये देशके किसी जगह भी काम किया जाय, बेकार नहीं जानेवाला था, यह वह जानते थे।

अक्तूबर या नवम्बर (१६२२ ई०) में महेन्द्रनाथने कई महीने महाराजगंजमें काम किया। १६२३ ई० की शिवरात्रिमें नेपाल जानेका मैंने प्रोग्राम बनाया। यात्रामे यदि दो साथी हो, तो अच्छा है। महेन्द्रजी भी उसके लिये तैयार हो गये। रेलसे हम ७ फर्वरी (१६२३) को रक्सौल पहुँचे। उस वक्त रेल यहीं समाप्त हो जाती थी, आगे सारा रास्ता पैदल जाना पड़ता था। राणाशाहीने नेपालको एक जेलखाना तथा रहस्यमय देश बनानेके लिये यह भी कायदा रक्खा था, कि कोई भारतीय स्वेच्छापूर्वक पहाड़के भीतर न आ सके। वह शिवरात्रिके समय ही बेरोकटोक जा सकते थे। हमने भी उसी समयको नेपाल जानेका सोचा। मैं उस वक्त जिला कांग्रेस कमेटी कामंत्री था। यद्यपि इस वक्त आन्दोलनमें कमजोरी आ गई

थी, लेकिन उसके कारण मैं विरक्त नहीं था। मैंने अपने मित्रोंको डेढ़ महीनेके भीतर लौट आनेका वचन दिया था।

रक्सौलसे खाना बनानेके लिये कुछ बर्तन खरीदे, और दोनों चल पड़े। शिवरात्रिका मेला चला जा रहा था। भारतके कोने-कोने से हजारों नरनारी उत्तरकी ओर मुँह किये बढ़ रहे थे। चीसा पानी (सीसागढ़ी) के डांड़ेको पारकर रात को शिंगतिंगमें हम ठहर गये। वहीं खितावदियराके एक साधु कृष्णदास मिले। अपने हाथ से रसोई बनाकर खाना हमारे लिये कबाहतकी बात थी। इस भारको बाबा कृष्णदासने उठा लिया। हम साथ ही जाकर थापाथलीमें उतरे। मैं कालीकमलीवाला बाबा था, और बाबा कृष्णदास खाक-भभूत लपेटे भूरे बालों-वाले तपसी। कृष्णदासजीने धूनी लगा दी। हम दोनों भी उसीके किनारे आसन मार कर बैठ गये।

नेपालमें हम जगह-जगह घूमते रहे। करीब एक महीना तक मैं वहाँ से कुछ मील दूर शिखर-नारायणकी एकान्त गुफामें जाकर बैठा। महेन्द्रजी गुफासे थोड़ा हटकर धर्मशालामें ठहरे। माघ-फागुनका जाड़ा था, जो एक कम्बलसे हटनेवाला नहीं था। महेन्द्रजीके लिये किसी दयालुने ओढ़ने बिछौनेके लिये कपड़े दे दिये थे। रातको धूनीमें कपड़ेका छोर लग गया। जब कपड़ेको आगने पूरी तौरसे पकड़ लिया, तब उनकी नींद खुली। कपड़ोंका नुकसान तो जरूर हुआ, किन्तु वह और लाक्षागृहमें भस्म होनेसे बाल-बाल बचे। सारी धर्मशाला लकड़ीकी बनी थी, कुछ ही देरमें लकड़ीमें आग लग जाती, इसमें सन्देह नहीं था।

मैं बौद्ध गृहस्थों और विद्वानोंसे घूम-घूम कर मुलाकात करता रहा। तिब्बतके एक सौदागरने आग्रह किया, यदि आप तिब्बत जाना चाहें, तो हम सारा इन्तजाम कर देंगे। मुझसे भी ज्यादा महेन्द्रजीका मन मचल गया। पर, मैं छपरा लौटनेका वचन दे आया था। मेरे किसी व्याख्यानपर गवर्न्मेंन्टने वारन्ट निकाला था, जिसके लिये दो सालकी सजा मेरी प्रतीक्षा कर रही थी। मेरे मित्रोंने नेपालमें इसकी सूचना भी दी थी, और लिखा था, कि न आवें, तो अच्छा। शायद चिट्ठी मिल गई होती, तो तिब्बत जाने

के प्रलोभनको मैं त्याग नहीं सकता था। ऐसी स्थितिमें छः वर्ष पहले ही मेरी तिब्बत यात्रा शुरू हो गई होती।

१८ मार्च (१९२३ ई०) को हम भारतके लिये लौटने लगे। दोनों पहाड़ी डाँडोंको पार कर भीमफेरीसे अगले पड़ावपर पहुँचे। इसी समय मुझे बुखारने आ घेरा। महेन्द्रजी आगे चले गये थे, उन्हें मालूम नहीं हो पाया, कि मेरे पैर आगे बढ़नेसे इन्कार कर रहे हैं। एक खाली गाड़ी आ रही थी। गाड़ीवानने दया करके मुझे उसपर बैठा लिया। पर महेन्द्रको वह थोड़े ही पकड़ सकता था। महेन्द्रनाथ आगे बढ़ते रक्सौलके पास नेपालकी सीमाके भीतर एक कुटियामें मेरी प्रतीक्षा कर रहे थे, और मैं स्टेशनपर चला गया था। वहाँसे बर्तन-भाँड़ेको बेचकर टिकट ले २२ मार्च को मैं सीधे छपरा चला आया।

जैसा कि ऊपर कहा, मुझे दो सालकी सजा हुई। महेन्द्रनाथने फिर पढ़ कर एम० ए० और वकालत पास की, कुछ समय तक डुमरांव राज्यमें भी नौकरी की। कांग्रेसमें तो बराबर रहते ह· थे। आजकल पार्लियामेन्टके मेम्बर हैं।

बाबू भूलन साही

किसी महायज्ञमें बहुत सी अज्ञात समिधायें पड़ती हैं, जिनका लोग ख्याल नहीं करते और पीछे जल्दी भूल भी जाते हैं। लेकिन, अग्निको प्रज्वलित करनेमें उनका सबसे बड़ा हाथ होता है। बाबू भूलन साही ऐसी ही अज्ञात समिधा थे। कुचायकोट थानेमें काम करनेके लिये श्री रुद्रनारायण पहुँच गये थे। उन्होंने थानेको अच्छी तरह जगा दिया था। रेलकी अनुकूलता देख करके थाना कांग्रेस कमेटीका केन्द्र—स्वराज्य आश्रम—जलालपुरमें रक्खा गया था। मैं वहाँ अक्सर जाया करता था। वहीं भूलन साहीसे मुलाकात होती थी। वह गाँवके किसान थे। जहाँ तक मुझे याद है, वह या तो निरक्षर थे, या कसम खाने भरके लिये साक्षर हो अपनी दस्तखत भर कर लेते थे। देशकी आजादी और असहयोगके प्रति उनकी आस्था एक सीधे-सादे भगतकी श्रद्धा थी। स्वराज्य-आश्रम उनके लिये मन्दिर था। मन्दिर और देवताके पास खाली हाथ नहीं जाना चाहिये, इसका उनको पूरा ख्याल रहता था। रुद्र बाबूके हरेक काममें सहायता देना अपना कर्त्तव्य समझते थे। उनको न जिला-बोर्डका सदस्य बनना था, और न कोई दूसरा पद लेना था। वह यही चाहते थे, कि अँग्रेज हमारे देशको छोड़कर चले जाँय, और हमारे बालबच्चोंको उनके हाथों अपमान न सहना पड़े।

भूलन साही एकान्त निष्ठासे देशसेवा करते रहे। जिस समय देशके लिये वह सौभाग्यका दिन आया, उससे पहले ही वह चल बसे।

बाबू माधव सिंह

उनकी बड़ी-बड़ी मूँछे और तगड़े शरीरको देखनेसे ही मालूम हो जाता था, कि हमारे सामने कोई राजपूत खड़ा है। जातीय अक्खड़पन भी उनमे था। सत्याग्रहके लिये १६२१ ई० के अन्तमें जब भर्ती होने लगी, तो उन्होंने भी नाम लिखवाया, हालाँकि उस समय वह घोषित असहयोगी वकील नहीं थे। जेलसे निकलने पर हम लोगोने साथ घूमनेका प्रोग्राम बनाया, और जिलेमे कई जगह घूमे। १६२२-२३ ई० में उनका घर मेरा अड्डा बन गया, जिसके कारण और भी उनके सन्निकट सम्बन्धमें रहनेका अवसर मिला। बाबू माधवसिंह पाँच भाई थे, जिनमेंसे सबसे बड़े वह वकील थे। छोटों में बाबू साधवसिंह डाक्टर, एक इंजीनियर, चौथे बाबू कालकासिंह प्रोफेसर और सबसे छोटे मैट्रिक तक पढ़कर घरका काम देखते थे। बड़े चारों भाइयोंमें किसीकी सन्तान नहीं थी। पिताने अपने पाँचों लड़कोंको उच्च-शिक्षा दिलानेकी कोशिश की थी, और सिर्फ सबसे छोटेको कालेजमें नहीं भेज सके थे। लेकिन, उनके जिम्मे वंशके चलानेका काम सुपुर्द हुआ था।

बाबू माधवसिंह और डा० साधवसिंह दोनों ही छपरामें रहते थे। जीविकाके लिये वकालत और डाक्टरी करनेके साथ-साथ समाज-सेवाका काम भी दोनों भाइयोंने अपने जिम्मे लिया था। उसीके फलस्वरूप छपरा राजपूत हाई स्कूल बना, जो अब डिग्री कालेज है। सधुवई-मधुवई भोजपुरी भाषामें विशेष अर्थ रखती है, अर्थात् मैं तेरी तारीफ करूँ और तू मेरी प्रशंसा करे। कितने ही लोग दोनों भाइयोंके बारेमें इस वाक्यको इस्तेमाल करते थे। वह दोनों भाई एक दूसरेका समर्थन अगर जन-सेवाके क्षेत्रमें भी करते हों, तो इसमें आश्चर्य क्या? सभी भाइयोंमें सदा प्रेम रहा, और वह इकट्ठा ही रहते मरे।

मैंने आगरामें एक दिन और लाहौरमें भी एक दिन जीवनमें कुल दो

दिन साइकिल सीखनेकी कोशिश की, पर सफल नहीं रहा। हमारे जैसे घूमनेवाले आदमीके लिये साइकिल की सवारी बड़े कामकी चीज है। जब माधव बाबूने सुना, तो उन्होंने कहा—“मैं दो दिनमें आपको सिखला दूँगा।” और दो दिन तक उन्होंने सचमुच छपराके क्लबघरके बाहर सिखलाया भी, लेकिन मुझे तो जीवन भर इस लाभसे वंचित रहना था, इसलिये नहीं सीख पाया।

वह बड़े हँसमुख थे। छपरामें असहयोगके समय मैं एक काले कम्बलकी अलफी पहना करता था। काली होनेसे उसके मैले होनेका डर नहीं था। बड़ा होनेसे वह ओढ़ने-बिछाने दोनोंका काम देती थी। उसके बाद सिर्फ दो लंगोटी और एक अंगोछे की जरूरत रह जाती थी। मेरी अलफी अक्सर जेलमें भी गई। जाड़ा बीता, गर्मियोंमें कम्बल और वह भी काला पहनना सुखद नहीं था, लेकिन अल्पेच्छताका पक्षपाती मैं दूसरे कपड़ेसे उसे बदलना नहीं चाहता था। बहुत गर्मी होती, तो अंगोछा कमरमें बाँध लेता और अलफीको उतार रखता। नहाना-धोना रोज होता था। मुझे क्या मालूम था, कि इसमें जूयें पड़ रही है। जेलमें जूयेंकी कमी नहीं होती। दूसरीकी चढ़ आई होंगी। जो भी हो। काले रंगमें उनके छिपनेकी भी गुंजाइश थी। एक दिन बाबू माधवसिंहकी ही उनपर नजर पड़ी। देखें, तो एक दो नहीं, बल्कि सैकड़ों हैं। बड़ा मजाक रहा। फिर तो पीछे भी कभी-कभी वह उसका जिक्र छेड़ देते थे। मुझे काटती जरूर रही होंगी, लेकिन तब भी मुझे पता नहीं लगा, कि इसमें इतनी अधिक जूयें पड़ी हैं।

गया-कांग्रेसमें बाबू माधवसिंहके साथ ही मैं ठहरा। सुदामा-भोजनालय के नामसे बिहारका पहला हिन्दू होटल वहीं कायम किया गया, जिसमें बाबू माधवसिंहने अपने रसोइये और कुछ पूँजी देकर सहायता की थी। १९२७ ई० के बाद मैं अब राजनीतिक कार्य-क्षेत्रके साथ-साथ छपरासे भी हट गया था। कभी सालमें एकाध बार जाता, अपने मित्रोंसे मिलता। हर ऐसी यात्रामें कुछ मित्रोंके चिरवियोगको सहना पड़ता। एक बार पता लगा, बाबू माधवसिंह अब नहीं रहे। उनके परिश्रमसे स्थापित किया हुआ राजपूल हाई स्कूल अब भी मौजूद है।

बाबू रामदेनी सिंह

बाबू रामदेनी सिंह गाँवके एक खाते-पीते किसान थे। वहाँ जमींदारी निरंकुशता मौजूद थी, और पहले अपने आसपास ही उन्होंने निलहे-गोरोंके अत्याचारको भी देख लिया था। गाँव (देवापुर) गण्डकके किनारेसे बहुत दूर नहीं था। गण्डकके परले पार चम्पारन जिलेमें गांधीजीने निलहे साहबों का मान-मर्दन किया था। इन सब कारणोंके कारण वह असहयोगमें खिंच आये, और अपने बरौली थानेमें बड़ी तत्परतासे काम करते थे। शिक्षामें दस्तखत करनेसे बहुत अधिक नहीं जानते थे, लेकिन लगनसे काम करने-वाले थे।

मेरे प्रति उनका बहुत स्नेह था। लेकिन, एक दिन ऐसा भी समय आया, जब कि वह आपेसे बाहर हो गये। शायद डिस्ट्रिक्ट-बोर्ड के लिये मेम्बर खड़े करने थे। बरौली थानेसे मैंने किसी दूसरेको समर्थन किया। रामदेनी बाबू खुद खड़ा होना चाहते थे। उन्होंने बड़े कड़े शब्दोंमें मुझको जवाब दिया था। मैं ऐसी बातोंका बिल्कुल ख्याल नहीं करता था। जब तक आदमीके कामकी सच्चाईपर कोई सन्देह नहीं है, तब तक उसके किसी एक-दो अवगुणको देखकर सारे गुणोंको भूल जाना मैं बुरा मानता हूँ। आखिर एक हाथसे ताली नहीं बजती। बाबू रामदेनी सिंहका वह रूप उसी दिन कुछ घंटोंके लिये रहा। उसके बाद फिर हम साथ काम करने लगे।

उनकी शिक्षा और आयुको देखकर आश्चर्य होता था, कि उनमें कामके लिये इतना उत्साह कहाँसे आया? वह बाबू भूलन साहीकी तरह सीधे-सादे भक्त नहीं थे। देश-दुनियामें क्या हो रहा है, इसके जाननेकी कोशिश करते थे। परिवार (राजपूत) बड़ी जातका और सो भी सफेदपोश था, जिसके खर्च बढ़े होते हैं। वह कैसे उसे चलाते थे, इसको मैं समझ नहीं सकता था। आर्थिक कठिनाइयाँ जरूर थीं। शायद उसमें कुछ सहायता होगी,

इसी ख्यालसे वह जिला-बोर्ड में जाना चाहते थे। जब भी जानेपर वह खिलाये-पिलाये बिना नहीं छोड़ते, और खानेकी नफासत मुझे पसन्द नहीं आती थी। उनका घर बड़ी सड़कपर था, इसलिये न जाने कितने जान-पहचानवाले लोग उधरसे गुजरते होंगे, और वह अपने स्वभावके अनुसार आतिथ्य करते होंगे, एक सभ्रान्त बड़े परिवारका बोझ सिरपर उठाते हुये भी रामदेनी बाबूने असहयोग-आन्दोलनमें निर्भीकताके साथ भाग लिया। चाहे उनकी शिक्षा अक्षरज्ञान मात्र रही हो, और मुझे यह भी नहीं मालूम, कि वह अखबार पढ़ते होंगे, पर वह बड़े समझदार थे, और अँग्रेजी शासनके प्रति भारतीयोंकी साधारण घृणा उनके दिलमें बहुत उग्र रूपमें थी; इसीलिये राजनीतिक प्रवाहमें पड़ना उनके लिये स्वाभाविक था। जननायकके जो गुण होने चाहिये, वह बाबू रामदेनी सिंहमें थे। उनको काम करनेमें न आलस आता था, न संकोच। सफेद बालोंके साथभी वह तरुण दिखलाई पड़ते थे, और उसी तरहकी ललकार उनके मुँहसे निकलती थी।

रामदेनी बाबूभी उन पुरुषोंमें हैं, जो अपनी आँखों स्वतन्त्र भारतको नहीं देख सके। लेकिन, उनके दिलमें यह दृढ़ विश्वास अन्त तक रहा, कि हमारा देश स्वतन्त्र होगा।

———

बाबू जलेश्वर राय

उनका दुबला-पतला शरीर और बात करनेका कोमल और मधुर ढंग अब भी याद आता है। असहयोगके जमानेमें पचासो बार उनके घरपर मैं गया। वह अपने गाँव (गोपालगंजके पास) से बाहर राजनीतिक प्रचारके लिये नहीं गये। पर अपने गाँवमें रहते बड़ी तत्परतासे काम करते थे। घर मध्यम-वर्ग भूमिहार परिवारका था। दूसरे समान परिवारोंकी तरह अपनी स्थितिसे अधिक अच्छी हालतमें अपनेको रखनेकी जरूरत पड़ती थी। खद्दरने कपड़ोंपर खर्च कम कर दिया था। बाबू जलेश्वर रायका कपड़ा हमेशा साफ उजला रहता। रातको रह जानेपर हमारी बातें सिर्फ राजनीति तक सीमित नहीं रहती थीं। ३४-३५ वर्ष बाद उन बातोंका याद रखना मुश्किल है, यद्यपि उनका ३५-३६ सालका शरीर और चेहरा अब भी स्मृतिपटलसे लुप्त नहीं हुआ है। उनके यहाँ एक राय (भाट) जी भी रहते थे। भोजपुरी इलाकेके भाट उस समय विचित्र स्थितिमें थे। कुछ पक्के मुसलमानके तौरपर नमाज भी पढ़ते थे, और कुछ हिन्दू नाम और हिन्दू ढंगसे रहते थे। उनकी जीविका हिन्दू यजमानोंपर निर्भर थी। उस समय उनमें यह प्रवृत्ति देखी जाती थी, कि अपनेको शुद्ध हिन्दू बनायें। लेकिन, ब्याह-शादी दोनों धर्मोंके माननेवालोंके बीच हुआ करती थी, इसलिये अपने सम्बन्धियो पर छोड़ना आसान नहीं था। रायजी जलेश्वर बाबूके घरके व्यक्तिकी तरह रहते थे। वह भी खद्दर पहनते थे। आरम्भिक समयमें सभी राष्ट्रीय विचारवाले लोगोंने अपने घरोंमें चरखा चलवानेकी कोशिश की थी, पर वह अधिकतर रक्खे ही भर रह गये। जब आदमी सूत कातनेसे दिन भरमें एक आना भी नहीं पाये, तो ऐसे पेशेके अपनानेमें अर्थशास्त्र भारी बाधक होता है। कितने ही परिवार ऐसे भी थे, जिनके लिये एक आना रोजकी आमदनी भी नगण्य नहीं थी। पर उनके सामने दूसरी दिक्कत पैदा हो जाती थी, जब वह अपने सूतको न

बेंच सकते थे और न कपड़े बुनवा सकते थे। खद्दरके युगमें हरेक हाटमें अपने काते सूतको कातनेवाली ले जाती थीं, और बिकते देर नहीं होती थी। अब तो कितने ही जुलाहे दो-तीन पीढ़ीसे नामके जुलाहे रह गये थे। जिनके यहाँ करघा चलता भी था, वह मिलके सूतको इस्तेमाल करते थे।

जलेश्वर बाबूकी बैठक अच्छी पक्की थी। उसमें कुर्सी और पलँग रक्खी रहती थी, जिनसे मालूम होता, कि किसी खाते-पीते आदमीका घर है। वैसे गोपालगंज थानेमें केवल बड़े-बड़े जमींदार नहीं थे, कितने छोटे-छोटे जमींदार भी थे। मालूम नहीं, जलेश्वर बाबू जमींदार थे या काश्तकार। छपरामें १६२१-२२ ई० के आन्दोलनमें कलक्टरने गिरफ्तारियाँ बहुत कम कीं, इसलिये थोड़ी ही संख्यामें आदमी जेल गये। यदि उसकी नौबत आती, तो जलेश्वर बाबू सबसे पहले रहते, इसे कहनेकी आवश्यकता नहीं।

पंडित गोरखनाथ त्रिवेदी

वैसे तो छपरामें मेरे एकसे एक मित्र रहे, और इस मित्रताका निर्वाह भी अच्छी तरह हुआ। पर पं० गोरखनाथ त्रिवेदीके घरको मैं सदा अपना घर समझता था, और परिवारके लोग भी मुझे अपनेमेंसे समझते थे। ऐसी आत्मीयता और बेतकल्लुफी छपरामें और किसी परिवारसे नहीं हुई। एक बार उनके घरमें ऐसा रसोइया ब्राह्मण आया था, जिसके हाथके छू जानेसे ही हरेक पकवान नीरस हो जाता था। लड़के-सयाने बड़ी नुक्ताचीनी करते थे। कोई कहता—तुमने भात पकाके पानीसे धो दिया। कोई कहता—दाल में ठण्डा पानी डाल दिया। हाँ, सचमुच किसी चीजमें स्वाद नहीं आता था, लेकिन, उसमें बेचारे ब्राह्मणका क्या दोष था? वह अपनी जान पूरी कोशिश करता था, तब भी स्वाद नहीं पैदा कर सकता था। नमक फीका भले ही रह जाये, लेकिन कभी ज्यादा नमककी शिकायत करते मैंने किसीको नहीं सुना। घर भर बेचारेके पीछे पड़ा हुआ था। ऐसे आदमीका पक्ष लेना मेरे लिये आवश्यक हो जाता है। मकानके आँगनके एक कोनेमें लसोड़े या किसी औरका छोटा सा-वृक्ष था। मैंने कहा—बाबाजी (रसोइया) का कोई कसूर नहीं है। अगर कसूर है तो यही, कि बीचसे कोई पुकार देता है, तो रसोई छोड़कर वह हुकुम बजाने चले जाते हैं। एक मिनटका मौका मिलते ही पेड़परकी चुड़ैल आकर सब स्वाद खींच लेती है। इसमें उनका क्या दोष है? बाबाजीको भी गम्भीरतासे कहनेके कारण मेरी बातपर विश्वास हो गया। वह कहते थे—"बाबा (मैं) ठीक कह रहे हैं। मैं तो अपनी जान बहुत अच्छी तरह भोजन बनाता हूँ।"

गोरखनाथजी छपरा जिलेके उन थोड़े ब्राह्मणोंमें हैं, जिनके घरमें हाथी था—सतजोड़ाके तिवारी हथियानशीन कहे जाते थे। उससे बहुत पहलेकी बात है। एक बार तिवारीजीकी हथनी मेरी सवारीके लिये मँगाई गई थी।

उस समय क्या जानता था, कि इसी परिवारका पुत्र आगे चल कर मेरा इतना घनिष्ट मित्र होगा। गोरखनाथ पढ़नेमें असाधारण तेज थे। उस समय साइन्सका कोई मूल्य नहीं था। अधिकसे अधिक यही उपयोग था, कि आदमी अध्यापक बन सकता था। वकालतमें साइन्सका क्या उपयोग? सरकारी नौकरियोंमें साइन्सके सवाल नहीं पूछे जाते थे। उन्होंने क्यों साइन्स लिया, यह मैंने कभी नहीं पूछा। साइन्सके विद्यार्थी बननेसे पहले वह संस्कृतकी भी प्रथमा परीक्षा पास थे। पटना कालेजमें पढ़ते वक्त उनके मनमें कभी-कभी ख्याल होता था, कि विलायत जाकर अपने विषयकी उच्च शिक्षा प्राप्त करें। लेकिन, वह वह जमाना था, जब कि पं० रामावतार शर्मा जैसे कट्टर नास्तिक भी बिरादरीके डरके मारे समुद्र पार जानेकी हिम्मत नहीं कर सकते थे। त्रिवेदीजीको इस परीक्षामें पड़नेकी जरूरत नहीं पड़ी, क्योंकि बी० एससी० पास कर उन्होंने गांधीकी पुकार सुनकर ला-कालेजको छोड़ दिया।

त्रिवेदीजीको देखकर मुझे और भी ज्यादा सामाजिक व्यवस्था के प्रति विद्रोहका भाव पैदा हो जाता था। साइन्समें वह कुछ कर सकते थे, लेकिन असहयोगके न होनेपर भी वह उधर बढ़ सकते, इसकी सम्भावना बहुत कम थी। असहयोग करके विद्यार्थियोंको सबसे पहले तिलक स्वराज्य फण्डके लिये पैसा जमा करनेका काम मिला। चार-पाँच महीने बाद (१९२१ के मई-जून तक) काम न रहनेसे लोगोंका जोश ठण्डा हो गया, और असहयोगी विद्यार्थी अपने घरोंमें बैठ गये। त्रिवेदीजी घरमें बैठनेवाले जीव नहीं थे। वह जिला कांग्रेस कमेटीके आफिसमें काम करते, समय-समयपर प्रचारके लिये भी जाते थे। सुदूर दक्खिन कुर्ग (कोडुगू) से छपरामें राजनीतिक काम करनेके लिये प्रस्थान करते समय मैंने एक चिट्ठी कांग्रेस कमेटीके कार्यालयमें भेजी। पोस्ट-कार्ड बहुत संक्षिप्त था, और उसमें अपने परिचयके बारेमें विशेष नहीं लिखा था। सूचना देना कोई अभिमानकी बात नहीं थी, पर मथुरा बाबूको उसमें वैसी गंध आई, और उन्होंने शायद त्रिवेदीजीसे ही कहा भी—"देखो न साधुको नेताके तौरपर अपने शुभागमनकी सूचना

देता है।" आखिर एक दिन मैं आफिसमें पहुँच ही गया। आफिस उसी मकानमें था, जिसमें वकालत करनेके समय काफी दिनों तक त्रिवेदीजी रहे। मुझे एकमा थानेमें काम करना था। थानेके गाँवोंसे परिचित होनेके लिये नक्शेसे बढ़ कर कौन सहायक हो सकता है? मैं कागजपर थानेका नक्शा ट्रेस कर रहा था। त्रिवेदीजीके साइन्स-अभ्यस्त दिमागने इसकी ओर विशेष ध्यान दिया, यह वह पीछे कहा करते थे। उसी दिन (जूलाई १९२२) से हमारा उनसे परिचय हुआ।

छपरा जिलेमें कलक्टर लुइसकी नरम नीतिके कारण धर-पकड़ नाम मात्र हुई, इसलिये त्रिवेदीजी जेल नहीं जा सके। १९२२ ई० के अन्त तक वह कांग्रेसमें काम करते रहे। १९२३ ई० में मैं दो सालकी सजा पाकर जेल चला गया। लौट कर देखा, कि त्रिवेदीजीने वकालत पास कर ली है, और अब वह वकालत करने लगे हैं। इसके बादसे उनका घर ही छपरामें मेरा घर हो गया। त्रिवेदीजी अपने कालेजके जीवनमें अधिकारियोंके कोपभाजन हुये थे। किसी अत्याचारको सहना उन्हें बर्दाश्त नहीं होता था। वह अँग्रेजोंका राज्य था, जबकि बिना किसी मुरौवतके कड़ा दण्ड दिया जाता था। इस प्रकार वह असहयोगी बननेके उम्मीदवार पहले हीसे हो चुके थे। उन्हें तर्क करनेकी बड़ी धुन रहती थी, बिना वकीलके कोई पक्ष पड़ा न रह जाय, इसके लिये वह अपनी सेवायें बराबर हाजिर कर देते थे। मेरे साथ भी अक्सर उनकी बहस छिड़ जाती थी। गर्मागर्म बहसको देखकर किसीको ख्याल हो सकता था, कि हम झगड़ा कर रहे हैं। पर, हमारी बहस केवल बहसके लिये होती थी।

त्रिवेदीजीने जब वकालत शुरू की, तब उनके माता-पिता जिन्दा थे। पिता बहुत ही समझदार और गम्भीर पुरुष थे। राजनीतिसे उनको कोई वास्ता नहीं था, इसलिये ज्येष्ठ पुत्रके कालेज छोड़नेपर उनको असंतोष जरूर हुआ होगा। दादाके सामने ही पोते पैदा हो गये थे। बहूपर सासने निरंकुश शासन किया हो, इसका मुझे पता नहीं। उसकी जरूरत नहीं पड़ी, क्योंकि बहू मौका देनेको तैयार नहीं थीं। सासके न रहनेपर तो तिडराइन

(त्रिवेदीजीकी पत्नी) मुहल्लेकी सर्वसम्माननीय महिला समझी जाती थीं। महिलाओंके रीति-रवाज, व्रत-उपवासका उनका ज्ञान इतना उत्कृष्ट समझा जाता था, कि सभी उनसे सलाह लेने आती थीं। वह पुराने युगकी निरक्षर महिला थीं। पूजा-पाठमें उनकी बहुत आस्था थी। पर, पुत्रोंको पुराने रीति-रवाजोंको तोड़ते देखकर वह बिगड़ती नहीं थीं, बल्कि एक दार्शनिकके तौर पर कहती थीं—"हम अपनी देहसे नेमधरम निबाह देते हैं। बच्चे अपना ज़माना आप सँभालें।" कुछ साल हुये भली गृहपत्नी अपने पतिको दुःख देकर चल बसीं। मेरे ऊपर उनकी विशेष कृपा थी। वह २५-३० वर्षसे मुझे अपने सामने देखती रहीं। कभी मैं मांस-मछलीके पास नहीं जाता था, और वैष्णव बाबाके तौरपर प्रसिद्ध था। फिर जब १९३० ई० में सीलोनसे लौटकर आया, तो मेरे लिये सारे अभक्ष्य भक्ष्य हो गये थे। उनके लड़के मेरे आनेपर जरूर मछली, मांस या अण्डा बनाते। तिउराइनजीके बारेमें कह सकते हैं, कि वह उसके लिये उन्हें प्रोत्साहित करतीं थीं।

त्रिवेदीजी यद्यपि वकालत शुरू करनेके बाद सक्रिय राजनीतिमें भाग नहीं ले सके, पर तो भी उसमें यथाशक्ति सहायता देने आदिसे बाज नहीं आते थे। एक-दो राष्ट्रकर्मी बराबर उनके घर मेहमान रहते थे।

एक बातकी शिकायत मैं त्रिवेदीजीके मुँहपर कर देता था—वह किसी बातका निश्चय समय बिता कर बहुत देरमे करते। जिस समय उन्होंने वकालत शुरूकी थी, उस समय शहरके बिलकुल भीतर एक अच्छी जगह चार-पाँच सौ रुपयेमें मिल रही थी। मैं हर बार ताकीद करता, लेकिन वह निश्चय नहीं कर पाते थे। आँखों देखते-देखते जमीनका दाम तिगुना-चौगुना हो गया। जब उन्होंने लेनेका निश्चय किया, तो उसका मूल्य इतना अधिक था, कि वह ले नहीं सकते थे। फिर शहरके बिलकुल बाहर धानोंके खेतों और बागमें उन्होंने सस्ती जगह ली। यह आमोंका बाग वस्तुतः चोरों का बाग था, कोई उन्हें जान नहीं सकता था। बड़े लड़केकी शादी हो रही थी। बहनें अपने भतीजेके ब्याहमें निमंत्रित होकर आई थीं। एक बेचारीका तीन-चार हजारका जेवर चोर मुफ्त ले गये। मेरी किताबोंका बक्स भी वहीं

था, उन्होंने समझा, इसमें भी माल खजाना है। बाहर ले जाकर कियारीमें बक्सको छोड़ दिया। राजपूत स्कूलके अध्यापकोंने देखा, मेरा नामभी पढ़ा, इसलिये किताबें लौट आईं। दूसरे लड़केके ब्याहके लिये कपड़े-लत्ते और दूसरे सामान रातको रक्खे गये। सबेरे बरात जानेवाली थी। रातको चोर सब उठा ले गये। कितनी फीकी बरात हुई होगी! वह वकीलका निवास नहीं, बल्कि साधुओंकी कुटिया होने लायक स्थान था। त्रिवेदीजी उसके लिये कोई फिकर नहीं करते थे। बड़ा लड़का कामपर लग गया है, सरकारी अफसर है। सबसे छोटा लड़का कई साल हुये घर छोड़ कर भाग गया। जिसके घरमें घुमक्कड़ने डेरा डाला हो, उसका लड़का यदि घुमक्कड़ी करने निकल जाये, तो क्या आश्चर्य! मैट्रिक पास था, इसलिये अखबारोंसे उसे यह तो मालूम होता होगा, कि मैं आजकल कहाँ हूँ। पर, उसने मुझसे भी मिलनेकी कभी कोशिश नहीं की। दस बारह वर्ष हो गये घर में किसीको पता नहीं दिया। माँ अपने छोटे पुत्रको देखनेकी लालसा मनमें लिये चल बसी। मझला लड़का ग्रेजुएट होकर अब अपनी खेतीका काम देख रहा है। त्रिवेदी जीको पत्नीका अभाव जरूर खटकता है, पर अब उनके ऊपर कोई बोझ नहीं है। लड़की (कुसुम) भी अपने सुखी परिवारमें रहती है। पिताने कभी समुद्र पार जानेका स्वप्न देखा था, लेकिन वह चरितार्थ नहीं हुआ। भाइयों मेंसे भी किसीको उसका मौका नहीं मिला। लेकिन, कुसुम अपने दो बच्चों को लेकर साल भर लन्दन हो आई। समय भी कितना बलवान है। बिरादरी में किसीने पूछा भी नहीं, कि कुसुम और कुसुमके पति देवेन्द्रनाथ शर्मा क्यों न धर्म-विरुद्ध विलायत-यात्रा करने के कारण जातसे निकाले जायँ!

बाबू फिरंगी सिंह

यद्यपि वह पहलवान नहीं थे, अखाड़ेमें कभी स्वास्थ्यके लिये भी वह उतरे होंगे, इसकी भी सम्भावना कम है। पर, प्रौढ़ावस्था तक उनको देखनेसे यही मालूम होता, कि कोई छोटा-मोटा पहलवान आरहा है। पहलवान अक्सर गौ होते हैं, उनको क्रुद्ध होते बहुत कम देखा जाता है। यह गुण बाबू फिरंगी सिंहमें भी था। असहयोगमें वह न स्कूल छोड़कर आये थे, और न किसी नौकरीको। उस समय पूरी जवानीपर थे। शिक्षा बहुत मामूली हुई थी, लेकिन देशकी आजादीकी धुन, उस समयके वातावरणसे उनके ऊपर सवार हुई। यह अच्छा था, कि वह एक मध्यवर्गीय किसान थे, और उनको अपनी जीविकाके लिये भटकने या बाहर जानेकी जरूरत नहीं थी। वह कांग्रेसमें बराबर एक समान काम करते रहें। गड़खा थानामें घूम-घूम कर उन्होंने प्रचार किया। थाना भी इतना छोटा था, कि एक हफ्तेमें उसके सारे गाँवोंमें घूमा जा सकता था। गड़खा थाना कांग्रेसकी दृष्टिसे अच्छे थानोंमें रहा, इसका श्रेय बहुत कुछ बाबू फिरंगी सिंहको था।

असहयोगकी पहली आँधीमें वह जेलमें नहीं जा सके। लेकिन, पीछेके कांग्रेसके आन्दोलनोंमें उनका वह साध भी पूरी हुई। उनके जैसे लगनवाले पर सीधे-सादे कर्मी के प्रति लोगोंकी आस्था बढ़े, यह स्वाभाविक ही था। वह वर्षों डिस्ट्रिक्ट बोर्ड के मेम्बर रहे। शायद कुछ समय लोकल बोर्ड के चेयरमैन या वाइस-चेयरमैनके तौरपर भी काम किया। अपने यहाँ स्कूलोंके बढ़ानेमें तो खूब मुस्तैदी दिखलाई।

जिस समय आन्दोलन शिथिल हो जाता, चारों तरफ उदासी देखी जाती, कार्यकर्त्ताओंका भी अभाव हो जाता, उस समय भी मैंने बाबू फिरंगी सिंहको सदा मुस्तैद पाया।

सन्त कृपालदास

बाबा कृपालदास पहले किसी हिन्दी स्कूलमें अध्यापक थे, और शायद स्कूलकी अध्यापकी छोड़ कर वह साधु हो गये थे। उन्हें लोग सन्तजी कहते थे। सोनपुर थानेकी कांग्रेसके वह स्तम्भ थे। उनके द्वारा स्वतन्त्रताका सन्देश गंगा और गण्डकके संगमकी भूमिपर खूब फैला। सोनपुरका स्वराज्य-आश्रम आज भी मौजूद है, जिसकी स्थापनामें सन्तजीका विशेष हाथ था।

१९२१ ई० में सोनपुरके मेलेपर कांग्रसके प्रचारका बहुत अच्छा आयोजन हुआ था, जिसमें सन्तजीने अपनी कर्मठताका परिचय दिया था। उसी साल अंग्रेजोंने वेल्स-राजकुमारको भेजकर भारतमें देशभक्ति का पाठ पढ़ाना चाहा था, जिसके लिये सारे देशमें बायकाट हुआ था। पता लगा वेल्स-राजकुमार सोनपुरसे होकर गुजरनेवाले हैं। रलमें बैठ कर जानेवाले राजकुमारको सड़कपर झण्डा लेकर बायकाटका नारा लगाना कहाँ दिखाई पड़ता था, पर तो भी सैकड़ों आदमियोंने उसमें भाग लिया था।

सोनपुर कितने ही समय तक अकबरके सेनापति राजा मानसिंहका वासस्थान रहा। पर, उससे नहीं,बलिक भारतके सबसे बड़े मेलेके कारण उसकी ख्याति और प्रतिष्ठा बढ़ी। मेला चाहे दो-तीन हफ्ते ही का था, पर उस समय तो सोनपुर शहरका रूप ले लेता है। इसलिये यहाँके लोगोंमें ग्रामीणतासे अधिक नागरिकता देखी जाती है। मठों-मन्दिरोंकी भी संख्या यहाँ काफी है। सन्तजी मठोंमें भी सुधार करना चाहते थे। वह साहित्यिक थे, इसलिये थानेमें साहित्यिक जागृतिके अग्रदूत भी बने। उनकी अपनी योग्यता और शक्तिके उपयोगके लिये यहाँ बहुत से क्षेत्र मौजूद थे। वह उनमें काम भी कर रहे थे। लेकिन उसके लिये बहुत दिनों नहीं रह सके। शायद १९३० ई० से पहले ही उनका देहान्त हो गया। आज भी लोग उनको बहुत प्रेमसे याद करते हैं।

बाबू पीताम्बर सिंह

पतला-दुबला, साँवला शरीर और बोलनेमें हद दर्जेकी शान्ति, पर बात सुननेसे यह मालूम होते देर नहीं लगती, कि राष्ट्रीय कामका सारा भार मानो उनके ही ऊपर है। पीताम्बर सिंह परसा थानेमें प्राइमरी स्कूलके मामूली अध्यापक थे। असहयोगके जमानेमें उन्होंने स्कूलकी नौकरी छोड़ दी थी, और शायद पीछे फिर पढ़ाने लगे थे। उनके घरपर मैं गया था। सीतलपुरसे परसा जानेवाली सड़कसे हटकर वह गाँव पड़ता था। गाँवके सभी लोग किसानी-मजूरीपर गुजारा करते थे। दूसरे लोगोंकी तरह उनके घरकी भी अवस्था रोज कमाओ, रोज खाओ जैसी थी। ऐसे घरके मालिकको तो पहले अपने घरकी खबर लेनी चाहिये थी। पर, पीताम्बरसिंहको उससे भी ज्यादा फिक्र देशकी थी। कितनी ही बार पैदल ही वहाँ से चलकर वह छपरा आते। फिर कहते काम बिगड़ रहा है, लोगोंमें सुस्ती आ रही है, सभा करने की जरूरत है। सभा करनेकी नौबत आती, तो दिलोजानसे उसीकी तैयारीमें लग जाते। कांग्रेसके कामके लिये कहीं बुलौवा आता, तो वह हजार काम छोड़कर वहाँ पहुँचते। परसा थानेके कुछ गाँवोंकी यूनियन पंचायतका चुनाव आया। मैंने कोशिशकी, कि कांग्रेसवाले चुने जायँ और वहाँ अंग्रेजोंके खुशामदी भरने न पायें। अनेक स्थानोंमें कामयाबी भी हुई। परसा थाने की एक यूनियनमें भी मैं गाँव-गाँव घूमा था। मास्टर पीताम्बर सिंहने भी उसके लिये काम किया था।

असहयोग के वह उन पितामहों में से थे, जिन्होंने पहलेपहल देशको इतने अद्भुत ढंगसे जगानेका काम किया था, और उसके लिये सब तकलीफ सही थी। अगली पीठीके आनेपर भले ही उनमेंसे कुछ पीछे पड़ गये पर अपनी शक्ति और योग्यताके मुताबिक जो पुरुष अपने स्थानसे नहीं डिगा, उसके महत्वको कम नहीं किया जा सकता। मास्टर पीताम्बर सिंह ऐसे ही पुरुष थे।

बाबू हरिनारायण लाल

कायस्थ गाँवों में भी अपेक्षाकृत अधिक संस्कृत और शिक्षित देखे जाते हैं। हजारों वर्षों से उनका लिखने-पढ़नेका काम रहा है, इसलिये ऐसा होना स्वाभाविक था। शिक्षा और संस्कृतिका प्रभाव शौकीनी, चालबाजी आदिके रूपमें भी देखा जाता है। बाबू हरिनारायण लाल इस दृष्टिसे देखने पर कायस्थ नहीं कहे जा सकते थे। वह हिन्दी ही नहीं, अंग्रेजी भी पढ़े हुये थे। हथुवा राज में सालों उन्होंने नौकरी की थी। शायद असहयोगके आरम्भिक समयमें वह अभी राज्यकी नौकरीमें थे। फिर ऐसे समय वह राष्ट्रकर्मी बने, जब कि चारों तरफ शिथिलता छाई हुई थी। उनके पुत्र इन्सुरेन्सके एक अच्छे एजेन्ट और कांग्रेसकी ओरसे एसेम्बलीके मेम्बर हैं, उनको देखकर उस सीधे-सादे पुरुष और उसकी रहन-सहन और उसके घर-बारीकी स्थितिका पता नहीं लग सकता। हरिनारायण बाबू बिल्कुल किसान जैसे दीखते थे। दस-पन्द्रह कोस कामके लिये पैदल चला जाना उनके लिये कोई मुश्किल नहीं था। घरकी यह स्थिति थी, कि कितनी ही बार हम उनके घरपर गये, तो मटर या मक्की का भुना दाना और गुड़का शर्बत वह मुश्किलसे हाजिर कर पाते थे। यह मामूली किसानका आतिथ्य था जो उनके स्नेह और सौजन्यसे मिलकर दिव्य भोजनकी तरह प्रिय और स्वादिष्ट हो जाता। वहीं दाना खाते हम अपना प्रोग्राम बनाते। भोरे थाना छपराका ऐसा थाना था, जहाँ पुलिसका निरंकुश राज्य था। लोगों के लिये दारोगा ही यहाँके लाट साहब थे, वह जैसा चाहते, वैसा करते। हरिनारायण बाबूको कितनी कठिनाइयोंमें रहकर काम करना पड़ता था, यह इससे मालूम होगा। पर, वह निर्भीक थे। जेलमें जानेपर भी अपने घर से अच्छी हालतमें रहना पड़ता। हाँ, इस बातका अफसोस जरूर होता, कि वह अपने बाल-बच्चोंकी देखभाल नहीं कर सकते। पर, हरिनारायण बाबूने जब इस रास्ते-

पर पैर रक्खा, उसी समय समझ लिया था, कि हमें फूलोंपर नहीं काँटोंपर चलना है।

मेरे थाना कुवाड़ी परगनेके और थानोकी तरह एक ही चक्कीके नीचे नहीं पिस रहा था। वहाँ एक तरफ पुलिस यदि मनमाना कर रही थी, तो दूसरी तरफ राजाके अमले प्रजाको लूटना अपना हक समझते थे। जमींदार तथा पुलिसका गठबन्धन था। हरिनारायण बाबू हथुवा राजकी रैयत थे। राज्यकी नौकरी करनेके कारण उन्हें उसके भीतरकी सारी बातें मालूम थीं, और यह भी, कि कौन-कौन तरीके हैं, जिनसे राज्यके अमले खाते-पीते घरोंको भी बर्बाद करते हैं। वह अपने ही थाने तक नहीं, बल्कि जरूरत पड़नेपर कटया और मीरगंजमें भी हमारे साथ जाते। कितनी ही बार रातको हमने यात्रायें कीं। एक राष्ट्रीय सहकर्मी के तौरपर ही नहीं, बल्कि मित्रके तौरपर भी वह बहुत भले मालूम होते थे। जब साहित्य और घुमक्कड़ीने हाथ पकड़ कर जबर्दस्ती मुझे अपनी ओर खींचा, तो जिन मित्रोंके वियोगका मुझे दुःख हो रहा था, उनमें हरिनारायण बाबू पहले आते हैं। वह राष्ट्रके लिये फकीर बने। और तिल-तिल करके कष्ट सहते निरन्तर उसमें जुटे हुये थे, और मैं अब दूसरे क्षेत्र नहीं, बल्कि दूसरे देशमें जा रहा था।

बाबू जलेश्वर प्रसाद

असहयोगके आरम्भ के समय जलेश्वर बाबू पटनाके किसी कालेजमें प्रोफेसर थे, असहयोगके बिगुल बजते ही वह प्रोफेसरी छोड़ कर राष्ट्रीय-कर्मी बन गये। सबसे पहले उनसे मेरी मुलाकात एकमाकी १६२१ ई० वाली विराट सभामें हुई थी, जिसमें सारा थाना उमड़ पड़ा था। जलेश्वर बाबू जिलेकी ओरसे खास तौरसे उस सभामें सम्मिलित होनेके लिये भेजे गये थे। चार सौसे, अधिक वर्दीधारी स्वयंसेवकों और बीसियों हजारकी जनताको देखकर उनपर बड़ा प्रभाव पड़ा था। इसमें तो शक ही नहीं, कि इसके कारण मैं उनकी नजरमें जरूरतसे अधिक ऊँचा बन गया। बालबच्चेदार आदमीको अपनी जीविकाके लिये भी कुछ करना जरूरी था। इसलिये कई सालों तक काम करनेके बाद जलेश्वर बाबूने वकालत करनी शुरू की। लेकिन, तब भी वह कांग्रेसके काममें बराबर योग देते रहे। १६२६ ई० में कौंसिलोंके चुनावके वक्त कांग्रेसने अपनी ओरसे उनको उम्मीदवार खड़ा किया था। इससे पहले भी वह असहयोगके दिनोंके बादके चुनावमें कौंसिलमें चले गये थे, और अच्छे वक्ता तथा राजनीतिक विज्ञ होनेके कारण उन्होंने कौंसिलमें जाकर सरकारके विरोधियोंका नेतृत्व बड़ी योग्यताके साथ किया था।

लेकिन, १६२६ के चुनावके समय एक विचित्र स्थिति पैदा हो गई। छितौलीके बाबू श्री नन्दनप्रसाद नारायण सिंह भी पूरी तौरसे कांग्रेसके काम में जुटे थे। उनके व्यवहारके कारण अपने इलाकेके कांग्रेस-कर्मियों—जिनमें पं० गिरीश तिवारी मुख्य थे—वह स्नेहपात्र थे। जब उन्हें कांग्रेसका टिकट नहीं मिला, तो वह कांग्रेसी उम्मीदवार बाबू जलेश्वर प्रसादके खिलाफ खड़े हो गये। मेरे लिये तो कांग्रेसके उम्मीदवार को छोड़ कर दूसरेका पक्ष लेना सोचनेकी भी बात नहीं थी। मैं अपने घनिष्ट मित्रों और सहकारियोंकी

पर्वाह न करके अपने काममें जुट गया। उत्तर सारनके काफी कांग्रेसी कार्य-कर्त्ता कांग्रेसी उम्मीदवारके खिलाफ थे। कहना चाहिये, मैं अकेला वहाँका काम सँभाले हुआ था। भोरे-कटयामें मेरे काम और प्रभावके कारण जलेश्वर बाबू जीते, किन्तु सब मिला कर श्रीनन्दन बाबूको वोट अधिक आये। उस समय चुनावके लिये हम दोनोंको कितनी ही बार साथ-साथ रहना पड़ा, जिसके कारण हमारी मित्रता और बढ़ी।

जलेश्वर बाबू पीछे पटना हाईकोर्ट में वकालत करने लगे, वहीं अपने लिये घर भी बनवा लिया। पटना रहते यदि मैं उनके यहाँ न जाता, तो उनको इसका बहुत कष्ट होता था। कितनी ही बार मैं उनके ही यहाँ ठहरता, पटना जानेपर एक-दो बार भोजनके लिये तो जाना ही पड़ता।

समय आया, जब कि मेरे कार्य मुझे दूर ले गये। तब भी दो-चार वर्षों बाद मुलाकात होती, असहयोगके मधुर दिन याद आते।

वह पटनाके अच्छे वकीलोंमें थे, और उनके हाईकोर्ट के जज होनेकी पूरी सम्भावना थी। पर, इसी समय ऊपरसे जोर देनेपर उन्होंने भारत सरकारके श्रम आयुक्त (लेबर कमिश्नर) का पद स्वीकार कर लिया। पूछनेपर मैंने भी उनकी रायसे अपनी सहमति प्रकट की, और उन्होंने अपने पदको त्याग दिया।

बाबा नरसिंहदास

बाबा नरसिंहदास का पहलेपहल दर्शन बक्सरमें हुआ था। साधुओंमेंसे बहुत कम स्वराज्य-आन्दोलनकी तरफ आकृष्ट हुये, इसलिये भी बाबा नरसिंहदासकी ओर मेरा ध्यान जाना आवश्यक था। पर, जब मालूम हुआ कि वह कबीरपंथी साधु हैं, तो सम्मान और भी बढ़ गया। क्योंकि तुलसी गोसाईं के मठमें जाकर जिस साम्यवादी व्यवहारको मैंने देखा, उसके कारण कबीरपंथी साधुओंके प्रति मेरा विशेष आकर्षण हो गया था। फिर यह भी मालूम हुआ, कि बाबा नरसिंहदास बिहारके नहीं, बल्कि पश्चिमी यू० पी० में मैनपुरी जिलेके रहनेवाले हैं, और वह बिहारमे आकर काम कर रहे हैं, तो और भी हममें सन्निकट सम्बन्ध स्थापित हो गया, जो तबसे अब तक है। मनोरंजनकी कई चीजें हम लोगोंने जेल-जीवनको सरस बनानेके लिये की थीं। कभी-कभी नहानेकी फाइलमें हमारा कवि-सम्मेलन होता। नरसिंह बाबाकी मातृभाषा ब्रजभाषा थी। हम लोगोंने मिल कर कई कवितायें बनाईं। जेलमें फाइल बहुत अर्थोंवाला शब्द है। पाँतीसे बैठनेको भी फाइल कहते हैं, कैदियोंको जिस मात्रामें भोजन मिलता है, उसे भी फाइल कहते हैं, कुर्ते-कम्बलको लगा कर रखना भी फाइल कहलाता है। हमने फाइलपर एक कविता बनाई। फिर जेलमें काले रंगका बहुत मान था, इसलिये दूसरी कविता "कारो" पर बनी। उस समय न जाने कितनी कवितायें बनाई गईं, पर अब तक वह कैसे याद रह सकती हैं :—

फाइलमें बैठि रोटी फाइल भर माँगतु हैं,
फाइल भर भात लाइ करत काज कूरो हैं।
कपड़ेको फाइल कुर्ते-कम्बलको फाइल होत,
आप फेरि जेलर फाइल देख लेत पूरो है॥

फाइलमें पानी अन्हाइबेको आवतु है,
फाटक फटकारि फाइल बोल देत फुरो हैं।
भनत नरसिंह फक्त फाइलहिं सम्हारि लेहु,
फाइल बिनु फेल सारे फ़लाइलको अधूरो हैं ॥

कारो करीनमें है कुलतार औ कारो इ कम्बल चारि बिछावें।
कोयला कारो औ कारोहि साग, औ कारी कढ़ाई में डारि सिझावे।
कारोहि खान औ कारोहि पान केवारनमें रंग कारो लगावें।
कारो है कारागार नृसिंह यो कारोको जन्म-स्थान कहावे ॥

नरसिंह बाबा मुजफ्फरपुर घूमते-घामते आये थे। जिसका चारों मुल्क जगीरीमें हो, उसके लिये जैसा ही मुजफ्फरपुर, वैसा ही मैनपुरी। फिर जो अपने धुनका पक्का अपनी सारी शक्तिके साथ काममें जुट जाय, कदर करनेवालोंकी कमी कहाँ रह सकती है? नरसिंह बाबा मुजफ्फरपुरके ही हो गये। उनके कार्य और भाषणकी धूम मच गई। कांग्रेसके कामके लिये तो उनका जीवन अर्पित था, पर समाज-सेवाके किसी काममें वह पहले आकर शामिल होते थे। १९३४ ई० में बिहारमें भीषण भूकम्प आया। सबसे ज्यादा क्षति मुँगेर की हुई थी, उसके बाद मुजफ्फरपुरकी। भूकम्पका केन्द्र सीतामढ़ीके पास था। उसकी प्रलय-लीला वहाँके गाँवों तकमें देखी जाती थी। सड़कें टूट गई थीं, आना-जाना आसान नहीं था। मुजफ्फरपुरसे मैं सहायता संगठित करनेके लिये सीतामढ़ी पहुँचा था, देखा, कि नरसिंह बाबा पहले हीसे छटपटा रहे हैं। वह इस इलाकेके प्रसिद्धकर्मी ठाकुर रामनन्दन सिंहके गाँवपर गये थे, कि उन्हें लाकर सहायताका काम शुरू करें। हमने मिल कर सहायताका सारा काम संगठित कर दिया। ऐसे समय नरसिंह बाबाका रोम-रोम नाचता था।

साधुओंमें राष्ट्रीय भावना भरनेका वह प्रयत्न करते थे, लेकिन वह ऐसा समय था, जब कि साधुओंको देशका कोई खयाल नहीं था, मठों, विशेषकर कबीरपंथी मठों, के सुधारके लिये भी वह उद्योग करते रहे। हमारे फिल्म-व्यवसायी कितने निम्नकोटिकी रुचि रखते हैं, इसे कहनेकी आवश्यकता

नहीं। उनमेंसे थोड़े ही अपवाद हैं, नहीं तो सभी चाहे जैसे भी हो, पैसा कमाना अपना ध्येय मानते हैं, और इसके लिये किसीकी धार्मिक भावनापर ठेस लगती हो, तो उसकी पर्वाह नहीं करते। किसी फिल्म कम्पनीने कबीर साहबपर एक फिल्म बनाया। हरेक फिल्ममें नाच-रंग आना जरूरी है। कबीरके नामपर बना हुआ फिल्म भी इसका अपवाद नहीं हो सकता था। कबीरपंथी साधुओंको मालूम हुआ। उनमें खलबली मची। उसी सिलसिलेमें कई और कबीरपंथी महन्तोंको लिये नरसिंह बाबा भारत सरकारके पास पहुँचे थे। उन्हें मालूम हुआ, मैं यहीं हूँ, तो मेरे पास भी आये। बहुत सालों बाद १६५५ में मुलाकात हुई। अब उनके शरीरपर बुढ़ापेके लक्षण स्पष्ट थे, लेकिन अभी भी वह उसी तरह शरीरसे चुस्त और बोलने-चालनेमें निधड़क थे।

बाबू सरयू ओझा

असहयोग-आन्दोलन सत्याग्रह एक महान् यज्ञ था, जिसमें हमारे देशके लाखों पुरुषों और हजारों स्त्रियोंने भाग लिया था, अनेक कष्ट सहे थे। कुछने तो अपना सर्वस्व अर्पण कर दिया। देशके लिये त्यागकी धुन उनके ऊपर इतनी सवार हुई, कि लोग उन्हें पागल समझने लगे। श्री सरयू ओझा ऐसे ही पुरुष थे, जिन्होंने अपनी उठती जवानी में ही अपनेको इस यज्ञमें अर्पित किया, फिर जीवन भर उसमें आगे बढ़ते गये।

ओझाजी बनियापुर थानाके प्रसिद्ध गाँव धनगढहाके एक अच्छे खाते-पीते भूमिहार परिवारमें पैदा हुये। असहयोगके जमानेकी उनकी मूर्ति मेरे सामने है। गोरा रंग, मझोला और छरहरा कद, आँखोंमें एक विशेष रोशनी, और उसके साथ ही कुछ कहनेकी सी मुद्रा। वह विवाहित थे। गलती कहें या दबाव, उन्होंने दूसरा ब्याह भी कर लिया था। शायद दूसरे ब्याहसे कुछ भूमि मिली थी। पर, सम्पत्तिको रखना उनके बसकी बात नहीं थी। घर-बार की उनको सुध ही नहीं रहती थी। असहयोग के जमानेमें सारा थाना उनका घर था। आज इस गाँवमें सभा है, तो कल दूसरे गाँवमें। अंग्रेजी सरकारसे लड़ना पत्थरकी दीवार से टक्कर मारना है, यही उस वक्तके बड़े-बड़े सयानों का मत था। सरयू ओझा तो बहादुर भेड़ेकी तरह पूरे जोरसे दौड़कर टक्कर मारनेवाले थे। उन्हें न पुलिसका डर था न सरकारका क्योंकि जेलको सचमुच ही वह खेल समझते थे। न लोगोंको इस तानेका ख्याल था, कि सरयूने अपनी कुल-कान छोड़ कर दर-दर भटकना शुरू किया है। आन्दोलन कभी गरम होता। उस वक्त सारी जनताको अपने साथ ले चलता। फिर कभी वर्षों के लिये ठण्डा पड़ जाता और चारों ओर एक हृदयद्रावक नीरवता छा जाती। पर, सरयू ओझामें कभी नीरवता नहीं आई, कभी वह ठण्डे नहीं पड़े। असहयोग के तुरन्त बाद आन्दोलन के

ठण्डे पड़नेके समयकी बात है। ओझाजी को अपनी खेतीकी चिन्ता क्यों होती, जब देशकी पुकार हर वक्त उनके कानमें पड़ा करती। लेकिन, उन्हें अपना खर्च तो चलाना था। केवल अपने शरीर भरका खर्च होता, तो उसकी चिन्तासे मुक्त रह वह कहीं भी काममें लग सकते थे। पर, बीबी-बच्चोंको भी देखना था। अपनी जमीन बेच या बंधक रखके खर्च चलाते थे। उसी समय मैं एक दिन धनगडहा गया। वह अपने खेतमें झोपड़ी डालकर रहते थे। बरसातका दिन था। खेतमें मक्कीकी बालें लगी हुई थीं। उसीसे उन्होंने मेरा और मेरे साथियोंका स्वागत किया। उनकी झोपड़ी सचमुच फकीरोंकी झोपड़ी थी। साधुओंकी कुटिया भी उससे कहीं अधिक सुखद होती है। सरयू ओझा देशके लिये फकीर हुये, इसे वहाँ हम साक्षात् देख रहे थे।

पाँच-छै वर्ष बाद जब मैं छपरासे बाहर चला गया था; और मेरा कार्यक्षेत्र भी बहुत कुछ बदल गया था, उस समय भी सरयू ओझा पहलेकी तरह अपने काममें डटे हुये थे। १९३०-३१ ई० की बात है। मैं कुछ समयके लिये छपरा गया। बाबू गुनराजसिंह वकील मेरे मुख्य स्नेहियों और कृपालुओंमें थे। वहीं सुना, कि सरयू ओझा अपनी दोनों पत्नियों और बच्चोंको लिये रिविलगंजमें विलायती कपड़े बेचनेवाली दूकान या शराबकी दूकानपर पिकेटिंग कर रहे हैं। बाबू गुनराजसिंहके कहनेमें संवेदनाका भाव था, साथ ही यह भी, कि वह अपने बीबी-बच्चोंको लेकर ऐसा करके बुद्धिमानी नहीं दिखला रहे हैं। सरयू ओझाको बुद्धिमान बननेका शौक नहीं था। वह अपनी धुनमें मस्त थे। यह दिखलाना चाहते थे, कि भारतमाताके एक अंगमें चौबीस घंटे और सारे जीवनमें असंतोष और अधीरताकी लहर दौड़ रही है। अंग्रेज जब तक यहाँसे जाते नहीं, तब तक हृदय अपने तीव्र स्पन्दनको धीमा नहीं कर सकता। यह भी ध्यान रखनेकी बात है, कि सरयू ओझा जिस कुलके थे, उसमें तरुणी और प्रौढ़ा महिलायें भी घरके चौखटसे बाहर निकलना बुरा समझती थीं, पर्दा रखना इज्जतका चिन्ह माना जाता था। सरयू ओझाकी दोनों पत्नियाँ आसानीसे इसके लिये तैयार नहीं हुईं

होगी। लेकिन, जब पतिदेवने उधर कदम उठा लिया, तो वह घरके भीतर पर्दानशीन बनकर कैसे बैठ सकती थीं?

आन्दोलन छिड़े, तो सरयू ओझा और उनका परिवार सबसे पहले आगमें कूदनेके लिये तैयार रहता। यदि आन्दोलन नहीं है, तो सरयू ओझाके भीतरकी आग अपनी प्रचंडता छोड़नेके लिये तैयार नहीं। १९२१ से १९४७ ई०, २६ सालों तक वह पुरुष अपनी आनपर डटा रहा। अन्तमें तपस्या पूरी हुई। १५ अगस्त १९४७ को अंग्रेज भारत छोड़कर भागे। सरयू ओझाको कितनी प्रसन्नता हुई होगी, इसे कहनेकी आवश्यकता नहीं। वह उन सौभाग्यशाली पुरुषोंमें थे, जिन्होने अपनी आँखों अपने देशको कालरात्रिसे बाहर आते देखा। धनके विचारसे वह बिल्कुल अकिंचन हो गये थे, कलके खानेके लिये सिर्फ कर्जपर भरोसा था, तो इससे क्या? उनके बच्चे स्वतन्त्र वातावरणमें साँस लेंगे, यही उनके लिये बहुत था।

देशके स्वतन्त्र होनेपर राजनीतिक पीड़ितोंकी सहायताकी ओर हमारी सरकारोंका ध्यान गया। ऐसी सहायताका पात्र सरयू ओझासे बढ़ कर भला कौन हो सकता था? लेकिन, जब सहायता लेनेका प्रस्ताव आया, तो अक्खड़ सरयू ओझा तन गये, क्या उन्होंने यह सारी तपस्या थोड़ी सी जमीन या पैसोंपर बेचनेके लिये की थी? लेकिन, उनके अक्खड़पनपर ख्याल नहीं किया गया, और मान-न-मान शायद कुछ जमीन उनके नाम कर दी गई। उनके लड़के भी पिताके विरुद्ध जानेके लिये तैयार नहीं थे। सरयू ओझा देशके स्वतन्त्र होनेके दो-तीन वर्ष बाद ही चल बसे। उस समय उनके ऊपर कर्ज था, जिसे कुछ जमीन बेचकर लड़कोंने अदा किया। देशका स्वतन्त्र होना बहुत बड़ी बात थी। स्वतन्त्रता अनमोल वस्तु है। पर, भारतके करोड़ों नर-नारियोंकी तरह सरयू ओझाका परिवार अभी भी अभाव चिन्तामें पहले ही की तरह ग्रस्त है।